기자 유감

기자

이기주 지음

유감

메디치

프롤로그

오래 망설였다. 필력이 뛰어나지도 않을뿐더러 책을 낼 자격이 되는지도 마뜩잖았다. 거창한 저널리즘을 논할 지식도 없고 경험도 일천하다. 하지만 자의든 타의든 대한민국 언론사에 길이 남을 장면들의 한복판에 서면서 생각을 정리하다 보니 여기까지 왔다.

1년이 10년 같았다. 더디게 가는 시간 속에서 '바이든 날리면' 사태와 대통령 전용기 탑승 배제, 도어스테핑 충돌 같은 논란들이 폭탄처럼 터졌다. 폭탄들은 서로 고리를 물고 있었다. 앞선 폭탄은 다음 폭탄의 원인이 됐고, 그것들 사이에 전후 관계가 형성되면서 스토리가 만들어졌다. 나는 모든 논란의 당사자였다. 그 와중에 〈1호기 속 수상한 민간인〉을 특종 보도하면서 대통령실이 큰 타격을 입게 되자 대한민국의 최고 권력과 나의 관계는 극한 갈등으로 치달았다.

1만 명이 넘는 대한민국 기자 가운데 그저 한 명일 뿐인 나는 어쩌다가 권·언 갈등의 핵심 인물이 된 것일까. 남들처럼 하루하루 취재해서 기사 쓰고, 퇴근했다가 또 출근해서 기사를 쓰는 평범한 삶을 살지 못한 이유는 무엇일까. 이 질문들은 책을 쓰게 된 계기이자 내가 가진 근본적인 고민이기도 하다.

미국 뉴욕에서 '바이든 날리면' 발언을 처음 들었을 때만 해도 일이 이렇게까지 커질 줄은 몰랐다. 어떻게 해야 하나 고민하다 주변 기자들에게 다 함께 들어보자고 한 것이 '바이든 날리면' 사태로 번졌다. 이후 윤석열 대통령이 발언을 부인하면서 최초 발견자인 나는 고난의 행군을 시작해야 했다. 그런데 권력의 외압보다 나를 더욱 힘들게 한 것은 전·현직 기자들의 태도였다. 결정적인 순간마다 기자들은 중립을 지킨다는 명목하에 차갑게 거리두기를 하고, 자신들에게 불이익이 생기지 않을까를 먼저 걱정했다. 나에게 가짜뉴스를 퍼뜨렸다고 비난을 퍼붓던 기자들이 오히려 가짜뉴스를 만들어 나를 공격했다. 언론 자유를 입버릇처럼 외치던 기자 출신 정치인들은 자신의 정치적 이득을 위해 진실을 흐리며 언론을 탄압했다.

나는 권력의 압박에 굽히지 않은 별난 기자로 기자 사회에서는 왕따가 되어갔지만, 일반 시민 사이에서는 네이버 구독자 수 1위라는 열렬한 응원을 받는 모순적 현상을 겪었다. 그분들이 없었다면 힘든 시기를 이겨내기 어려웠을지도 모른다. 그러나 응원이 많다고 해서 기자가 그저 좋아하기만 하면 되는지에 대한 새로운 고민도 생겨나기 시작했다.

기자라면 으레 직업윤리와 신념을 가지고 있을 줄 알았는데, 막상 기자가 되고 보니 기자들은 권력 앞에 공손하고 자본에는 깍듯했다. 그 틈에서 나는 살아 있는 권력과 여러 차례 충돌하면서 기자란 국민에게 어떤 존재여야 하고, 기자가 지켜야 하는 가치는 무엇인지를 생각하기 시작했다.

내가 닮고 싶었던 리영희 선생은 지금으로부터 50년도 훨씬 전에 《기자풍토 종횡기》를 서술해 당대 기자들의 모습을 기록으로 남겼다. 일찍이 기자 사회의 모순과 카르텔을 꿰뚫어보고 비판했던 선생의 결기를 나는 평소에도 닮고 싶었다. 도어스테핑 충돌 후 《리영희 평전》과 《전환시대의 논리》 등을 다시 천천히 읽으면서 나도 기억에 공백이 생기기 전에 기자로서의 신념을 기록으로 남기고 싶었다. 그때는 '내가 감히…'라는 생각에 뜻을 접었지만, 살인 예고 사건을 겪으면서 언제 죽을지 모르니 정리라도 해야겠다고 마음먹었고, 그렇게 시작한 것이 결국 한 권의 책으로 나왔다.

이 책을 관통하는 핵심 주제는 혐오다. 나의 큰 관심사이기도 하다. 책은 철저히 나의 경험을 바탕으로 했다. 내가 기자를 시작하게 된 계기, 그리고 기자 생활을 하면서 MBC 안팎에서 겪었던 일들, '바이든 날리면' 사태와 도어스테핑 충돌, 이 모든 일에는 혐오라는 공통점이 깔려 있다. 홍어 논란과 세월호 참사, 살인 예고 등 내가 기자로서 경험하고 느낀 여러 혐오를 책에 공유했다. 다시는 이런 일들이 생기지 않도록 함께 머리를 맞댔으면 좋겠다는 생각이다.

두 번째 주제는 직업윤리다. 기자라는 직업에 정답은 없다. 기자마다 취재도 각각 다르고, 같은 사안을 두고 기사도 다르게 쓴다. 정답이 없으니 이렇게 쓴 기사도 인정받고, 저렇게 쓴 기사도 인정받는다. 그래도 예외가 있을 수 없는 원칙 하나는 기자가 기사로 남에게 해를 끼쳐서는 안 된다는 것이다. 그러려면 기자는 윤리적이어야 한다. 직업에 대한 염치도 있어야 한다. 기자들은 "우리는 기레기가 아니"라거나 "기더기라고 부르지 말라"고 하지만 여전히 권력과 유착하고 자본과 결탁하는 기자가 많은 것이 현실이다. 특종에만 급급해 타인의 상처를 배려하지 않는 기자들도 많다. 나는 세월호 참사와 국정농단, 조국 사태 등을 겪으며 기자가 국민과 동떨어져 있을 수는 없다고 생각하게 됐다. 정의로움까지는 아니더라도, 적어도 국민을 배신하는 기자는 되지 말자는 얘기를 하고 싶었다.

책에 내 이야기를 담담하게 썼다. 나에게 기자 그렇게 하는 것 아니라며 손가락질했던 이들에게 보내는 답장이 된다면 더할 나위 없겠다. 이 책에는 최근에 겪은 일들이 많은 분량을 차지한다. 내가 기자로서 가치관을 정립하는 계기가 된 몇몇 취재 사례, 기자라는 직업과 MBC를 둘러싼

소회도 담았다. 이미 기사화된 내용을 언급할 때는 실명을 썼고, 지상파 방송과 보도 채널, 주요 일간지 등에서 실명을 언급하지 않은 경우는 나 역시 실명을 밝히지 않았다. 개인적인 경험에 묻어나오는 등장인물도 꼭 필요한 경우가 아니면 이름을 쓰지 않았다.

나는 비주류 기자로 시작해 주류 언론에 들어왔지만, 여전히 비주류다. 대학 시절 기자를 꿈꾼 적 없고, 그 흔한 언론사 스터디 모임도 해본 적 없다. 그래서 요즘 기자 지망생들을 보면 미안한 생각이 들기도 한다. 남의 자리를 차지하고 앉아 있는 느낌이랄까. 그들에게도 이 졸고(拙稿)가 저런 사람도 기자를 하는데 나도 할 수 있다는 응원이 됐으면 하는 마음이다.

내가 어려움을 겪던 시기 많은 분이 용기와 힘을 주셨지만, 감사 인사를 제대로 드리지 못했다. 국내외에서 넘치도록 응원 이메일을 보내주신 분들, 네이버 구독과 응원을 눌러주고 계신 분들, 해외에서 꼭꼭 눌러 쓴 손편지를 보내주신 분들, 회사로 꽃바구니를 보내주신 분들, 일면식도 없는 나를 위해 한겨울 수녀원에서 기도에 들어가셨던 수녀님들, 강연 때 조용히 다가와 나 같은 기자가 되고 싶다고 속삭이던 기자 지망생들 모두에게 인사를 전한다. 이 책이 그분들께도 감사의 답장이 됐으면 좋겠다.

수북한 백지에 검은 글씨를 가득 채우는 것이 이렇게 어려운 일인 줄 처음 알았다. 그래서 또 많은 분의 도움을 받았다. 김현종 대표님을 비롯해 메디치미디어 편집부에 감사한 마음을 전한다. 내가 책을 내겠다고 결심했을 때 큰 도움을 주신 박성제 전 MBC 사장님과 어른 같은 동생 임재성 변호사, 나의 친구 전소연 님과 여명진 님, 그리고 살뜰히 이것저것 챙겨주신 문정민 님에게도 감사를 드린다.

각종 외압과 협박에도 굴하지 않을 용기를 길러주신 분들은 나의 씩씩한 부모님이다. 살갑지 않은 사람을 늘 품어주는 가족에게도 사랑의 마음을 담아 이 책을 바친다. 그리고 조금이라도 세상이 나아지기를 바라며 용기를 내셨던 나의 모든 취재원에게 이 자리를 빌려 깊은 존경을 전한다.

1

어느 날 갑자기
기자가 되었다

곤봉과   방패

2008년 6월의 어느 밤, 눈앞에서 누군가가 경찰의 곤봉에
맞아 쓰러지는 장면을 목격했다. 당시 나는 삼성SDI에서
2차전지 해외 영업을 담당하던 3년 차 직장인이었다. 늦게
까지 바이어와 있다 행여 막차를 놓칠까 종각역으로 빠르게
걷던 길에는 시위대와 경찰 기동대, 경찰버스가 가득했다.
　나는 이때까지도 광화문과 종각 일대에서 왜 시위가 벌
어졌는지 이유를 알지 못했다. 회사에서는 포털사이트와 주
요 언론사 홈페이지가 접속되지 않았고, 새벽에 출근해 다
음 날 새벽에 퇴근하는 일상을 살다 보니 세상 돌아가는 일
에 관심을 가질 여유가 없었다. 해외 바이어가 무슨 시위냐
고 물었을 때도 정확히 알지 못해 서울에는 늘 시위가 많다
고 둘러댈 정도였다.

시위대를 무심히 지나치던 내 옆으로 얼굴에 복면을 두른 남성이 나타난 것은 순식간의 일이었다. 곧바로 검은색 기동복 차림의 경찰 서너 명이 그를 덮쳤다. 경찰은 몹시 흥분한 듯 보였다. 알아들을 수 없는 소리를 지르며 사정없이 곤봉을 내리치는데, 신체 어디고 가리지 않는 듯했다. 팔로 막고 버티던 남성은 머리 부위를 맞고 그대로 고꾸라졌고, 곧바로 양팔이 붙들려 연행되었다.

소음을 뚫고 내 귀에 꽂힌 곤봉 소리는 둔탁하고 불쾌했다. 카키색 군복이 검은색 기동복으로 바뀌었을 뿐, 마치 1980년 5월 광주의 한 장면을 보는 것 같았다. 2008년 서울 한복판에서 어떻게 이런 일이 벌어질 수 있을까. 남성의 동료로 보이는 이들이 경찰에 격렬하게 항의했지만, 경찰의 반응은 더 격렬했다. 당장 육박전이라도 벌일 분위기였다. 그 자리에서 어정쩡하게 그만하라고 외치던 부질없는 목청, 그것이 내가 할 수 있는 일의 전부였다.

경찰은 곳곳에서 곤봉뿐 아니라 방패도 억세게 휘둘렀다. 시위대는 속수무책이었다. 경찰버스 주변에는 연행돼 온 시위 참가자들이 경찰에 둘러싸여 앉아 있었다. 이게 무슨 일인가. 뭐에 홀리기라도 한 듯 나는 이날 시위 현장을 한동안 떠나지 못했다.

집에 돌아와 컴퓨터 앞에서 바로 기사를 검색했다. 알고 보니 광우병 사태로 촉발된 야간 시위는 꽤 오래전부터 진행된 것이었다. 시위 양상이 과격해진 것도 이미 며칠이나 된 일이었다. 곤봉의 충격만큼이나 서울 한복판에서 진행된 대규모 시위와 강경 진압 상황을 몰랐다는 사실에 스스로가 실망스러웠다.

대학 시절에는 장애인과 비정규직 노동자, 정치 개혁 같은 사회 문제에 관심이 많았다. 몇몇 단체에서 활동도 했는데, 사람들에게 상처받고 자포자기 심정이 되어 돈이나 벌어야겠다는 생각으로 직장 생활을 시작했다. 3년 넘게 매출과 이익만 생각하며 살았던 시간. 하지만 곤봉과 방패를 목격한 충격은 컸다. 잔상이 머릿속에서 떠나지 않았다. 예기치 않게 맞닥뜨린 그날의 일은 결국 내가 기자가 돼야겠다고 결심한 계기가 됐다. 그만할 리 없는 그들에게 그만하라고 더 크게 외치기 위해 기자가 되어야겠다고 마음먹었다.

힘겹게 기자의 세상에 들어온 후 15년이라는 시간을 정신없이 보냈다. 세상이 많이 변했고 발전했다. 그러다 2023년 5월 31일, TV 뉴스에서 경찰의 곤봉질을 다시 만났다. 한국노총 간부 김준영 씨가 7미터 높이 망루에서 경찰봉에 머리를 맞고 쓰러지고 있었다. 그가 망루 위에서 외치던 요구는 포스코 하청노동자의 노동삼권 보장이었다. 추락 위험이 있는 아찔한 상황인데도 경찰은 양쪽에서 김 씨의 머리를 사정없이 내리쳤다. 손으로 머리를 감싸 쥐어도 소용없었다. 시뻘건 핏물이 얼굴을 타고 흘러내렸다. 그의 동료들이 그만하라고 소리치며 항의해도 경찰은 곤봉질을 멈추지 않았다. 김준영 씨가 쓰러졌을 때 나는 심장이 내려앉는 충격을 받았다. 그만하라고 외치던 2008년 6월의 그날이 다시 떠올랐기 때문이다.

경찰의 곤봉질을 다시 본 뒤에는 뭐라 표현하기 힘든 무력감이 찾아왔다. 백남기 농민 사망 때도, 쌍용차 사태 때도, 세월호 참사 때도 똑같이 느꼈던 그 기분, 기자가 세상을 바꿀 수 있다는 얘기는 허상일 것 같은 불쾌한 그 느낌. 때리면 때렸다고, 맞으면 맞았다고 중계하는 것 그 이상을 해내지 못했다는 무력감이었다. 15년 전 곤봉과 방패를 목격했을 때는 기자만 되면 당장 뭐라도 할 것 같았지만, 혼자 할 수 있는 것이 많지 않다는 것을 깨닫는 데는 그리 오래 걸리지 않았다.

기자가 되기 위해 언론사 시험에 필요한 각종 성적표를 준비했다. 우리 나이로 31살을 향해 가던 때였다. 실업자가 될 용기는 없어서 회사를 다니며 2008년 말까지 딱 6개월만 도전해보기로 했다. 혼자 하다 보니 언론사 시험에 대한 정보가 없었다. 신문에 실린 사회면 기사들을 통째로 외웠다가 퇴근 후에 연습장에 써보는 것이 할 수 있는 시험 준비의 전부였다. 그러다 신입 기자 채용공고가 뜨면 응시했는데, 나이 제한에 걸려 아예 지원하지 못한 언론사도 있었고, 회사 일이 바빠 면접을 보지 못한 언론사도 있었다. 물론 내가 지원을 거부한 곳도 있었다.

언론사 시험에서 거의 다 낙방했다. 이제 그만하자 하던 차에 겨우 합격한 곳이 한국경제TV였다. 당시 한국경제TV

기자는 한국경제신문에 파견 가서 석 달간 수습을 거치는 과정이 필수였다. 여러 현장에 나가 한국경제신문의 선배 기자가 시키는 대로 취재해서 보고하고, 회사로 돌아와 교육받고, 다시 현장에 나가는 날들이 반복됐다.

신문사 수습기자라면 대부분 느끼는 것이지만 기사 끝에 내 이름이 병기될 때면 그렇게 신기하고 뿌듯할 수 없었다. 그런 날에는 빳빳한 종이 신문을 집에 챙겨와 간직하곤 했다. 그렇게 보람을 느끼며 일에 재미를 붙이던 중 처음으로 좌절을 경험했는데, 그 계기가 바로 용산참사였다.

2009년 1월 20일 아침, 서울 용산역 맞은편 남일당 건물 옥상에서 철거민과 경찰이 충돌했다. 용산4구역 재개발 보상 문제 때문이었다. 철거민들은 옥상에 망루를 설치하고 화염병 등을 준비해 건물을 점거했다. 경찰은 이에 맞서 컨테이너에 특공대원들을 태워서 크레인으로 옥상 진입을 시도했다. 이 과정에서 불이 나 모두 6명이 숨지고 20여 명이 다치는 참사가 벌어진 것이다.

아침 7시쯤 선배 기자한테서 급하게 전화가 걸려왔다. 신용산역 인근에서 철거민과 경찰이 세게 붙었으니 즉시 현장으로 가서 상황을 보고하라는 지시였다. 택시를 잡아타고 아침 8시쯤 도착했는데 전쟁터가 따로 없었다. 경찰은 경찰대로, 소방은 소방대로, 철거민 측은 그들대로 정신이 나간 듯 보였다.

"망루가 타고 있습니다!"

"옥상에 아직 사람이 있습니다!"

"펑 하고 터지는 소리가 났습니다!"

나처럼 막내급으로 보이는 기자 네댓 명이 놀란 표정으로 휴대전화를 붙들고 상황을 보고하느라 바빴다. 한낮에도 허연 입김이 뿜어져 나올 만큼 추웠지만, 추위를 느낄 틈이 없었다. 나는 오후 늦게까지 현장을 지켰다. 경찰 측 주장과 철거민 측 입장, 또 현장을 항의 방문한 정치인들의 발언 등 수십 개의 보고를 실시간으로 선배 기자에게 올렸다.

오후에는 건물 뒤편에서 시신 한 구를 옮기는 것을 발견하고 택시를 타고 쫓아가기도 했다. 목적지는 국립과학수사연구원이었다. 철거민 측은 이 사실을 모르고 있을 때여서 시신이 다시 순천향대 병원으로 옮겨진 저녁 늦게까지 유족의 마음을 대신해 국과수에서 뻗치기도 했다.

문제는 다음 날이었다. 신문 지면에는 내가 전날 오들오들 떨며 늦게까지 보고한 취재 내용이 단 한 줄도 실려 있지 않았다. 서운해하는 티가 났는지 선배는 "우리 신문에 사회부 지면이 부족해 어쩔 수 없었다"며 취재 내용은 다음 날 실릴 것이라고 나를 달랬다.

참사 당일 저녁부터 용산대책위가 주최하는 촛불집회가 열렸다. 주최 측과 경찰 간에 크고 작은 충돌이 끊이지 않았다. 다음 날도 마찬가지였다. 일부 참가자가 경찰에 돌을 던지면서 과격한 상황이 벌어지기도 했다. 이런 상황을 선배에게 모두 보고하는데, 왠지 그는 귀담아듣지 않는 듯했다. 오히려 당황스러운 지시 세 개가 내려왔다.

첫째는 현장에 보이는 깃발 수를 빠짐없이 세라는 것, 둘째는 깃발에 적힌 단체명을 모조리 적어서 보내라는 것이었다. 그리고 마지막 지시는 박석운을 찾으라는 것이었다. 박석운은 전년도인 2008년 여름 광우병국민대책회의 지도부를 역임한 인물로 당시 이명박 정권 입장에서는 반정부 성향의 인사였다.

선배는 어째서 박석운을 콕 찍어 찾으라고 한 것일까. 석연치 않았지만 수습기자에게 되묻는 것은 허락되지 않았다. 일단 깃발에 적힌 단체명을 수첩에 적었고, 깃발 수를 세서 보고했다. 그리고 박석운 씨가 집회에 참석했는지도 파악해 보고했다. 선배에게 철거민이나 화재 원인 취재는 어떻게 하면 좋겠느냐고 물었지만, 오늘은 전철연(전국철거민연합회) 같은 외부 세력에 집중하는 날이라는 대답이 돌아왔다.

다음 날 내 이름이 병기되어 실린 기사는 기자 생활을 갓 시작한 나에게 큰 상심을 안겨주었다. 제목은 〈용산대책위 알고 보니 '광우병 대책위'〉였는데, 기사에는 "모두 지난해 미국산 쇠고기 수입 반대 관련 불법시위를 주도했던 단체들"이라거나 "도로 불법 점거와 투석전 등 불법 과격 시위를 주도했다", "일반 시민들의 참여는 거의 없었던 것으로 알려졌다" 등 촛불집회 주최 측에 부정적인 표현이 다수 등장했다.[1]

추후 드러난 사실이지만 이 무렵 용산참사와 관련해 "언론이 경찰의 입만 바라보고 있는 실정이니 계속 기삿거리를 제공해 촛불을 차단하는 데 만전을 기해주시기 바란다"는 정권 차원의 홍보지침이 하달된 일이 있었다.[2] 경찰의 과잉 진압 논란을 무마하기 위해 〈군포 연쇄살인 용의자 강호순 검거〉 등 경찰에 긍정적인 내용이 많이 보도되도록 청와대가 나선 것이다. 청와대가 여론 조작을 시도했다는 논란이 커지자 홍보지침을 보낸 청와대 행정관이 사직서를 냈다. 꼬리 자르기라는 비판이 제기됐다.

내가 겪은 일이 홍보지침과 연관된 것이었는지는 알 수 없다. 하지만 홍보지침이 하달된 이후 전철연의 폭력성을 부각하는 보도가 대거 쏟아진 것은 사실이다. 정권에 부정적인 여론을 뒤집으려 안간힘을 쓰는 기자들의 모습은 처

---

1   《한국경제》 2009년 1월 22일, 〈용산대책위 알고 보니 '광우병 대책위'〉, 이재철·이기주.
2   김주언 전 한국기자협회장은 2019년 발간한 《이명박근혜정권의 언론통제》라는 책에서 "더 큰 문제는 언론이 청와대의 홍보지침대로 보도했다는 점이다. (중략) 경찰은 이들에게 경찰의 공권력 투입의 필요성과 정확한 사실에 입각한 보도 요청, 전국철거민연합회의 불법성 등에 대해 정확한 이해 요청 등을 설명했다. 경찰이 접촉한 언론인 다수는 경찰 요청에 긍정적이었다"라고 밝혔다.

음 겪어보는 이질적인 풍경이었다. 기자라는 직업에 대한 회의감도 처음으로 맛보았다. 기자라는 타이틀이 늘 떳떳하지만은 않다는 것을 일찌감치 깨달은 셈이다.

그로부터 4년 뒤 나는 회사를 옮겨 MBC에서 두 번째 기자 생활을 시작했다. 그리고 2022년 용산에서 권력과 충돌했다. 또 용산이었다.

협찬과   공짜 골프

한국경제TV는 현장 기자가 40명 정도인 작은 언론사였다. 경제와 증권, 부동산 등 다루는 분야가 좁고 한정적이긴 했지만, 열정적인 기자들이 꽤 있어서 나는 기자 생활에 빠르게 적응했다. 하지만 유일하게 적응하기 어려웠던 것이 있었는데, 바로 기자가 협찬과 광고를 유치하는 관행이었다. 광고나 협찬 부서가 별도로 있는데도 보도국 소속의 기자들이 협찬 업무를 담당했다. 협찬을 받으면 협찬사에 우호적인 기사를 써주고 부정적인 기사는 쓰지 않았다. 완벽한 거래였다.

입사 초기에는 선배 기자들이 기업이나 공공기관에 수억, 수천만 원을 달라는 말을 너무 당연하게 해서 깜짝 놀란 적이 많았다. 선배의 지시로 한 기업의 언론 담당 임원에게 협찬금 요청 공문을 주기 위해 찾아갔다가 나처럼 협찬 서류를 들고 찾아온 경쟁사 기자를 마주친 적도 있었다. 서로 얼마나 민망했는지 "요즘이 협찬 시즌이라 바쁘시죠" 하며 멋쩍게 웃고 말았다. 당시 사장은 월급이 다 협찬과 광고에서 나오는 것인데 기자라고 못 할 것 없다며 협찬 활동을 독려했다. 협찬사와 광고주를 위해 골프 행사를 열 때면, 회사는 아예 버스를 대절해 막내 기자들까지 골프장 클럽하우스로 보냈다. 출입처 사람들과 한 테이블에 앉아 비위를 맞춰가며 술을 마시라는 취지였다. 여성 기자도 예외는 아니었다. 막내들 사이에서는 기자가 기쁨조냐는 불만이 제기됐지만 이런 기괴한 접대 행위를 공개적으로 문제 삼고 나서는 사람은 없었다.

2010년 나는 천안함 국가 애도 기간에 어느 공공기관장이 부부 동반으로 외유성 해외 출장을 떠난 것을 취재한 적이 있었다. 기관장의 부적절한 처신에 대한 특종이었다. 그런데 얼마 지나지 않아 그 기관의 언론 담당 임원과 부서장이 회사로 찾아와 간부들과 면담했다. 그들이 떠난 뒤 부장은 나를 불러 기사를 삭제하라고 지시했다. 나는 이유를 말해달라며 지시를 거부했다. 부장은 이렇게 말했다. "협찬 들어올 시기가 얼마 안 남았어. 무슨 말인지 알지?" 나의 의사와 상관없이 기사는 삭제되었다.

회사는 경제 분야의 글로벌 포럼을 개최하면서 기자들

에게 행사장의 주차 안내를 맡기기도 했다. 협찬금을 많이 낸 기업 대표들의 차량을 안내하라는 지시였다. 왜 주차 안내까지 기자가 해야 하느냐고 부장에게 묻자 주차 안내도 출입처 관리라는 답이 돌아왔다.

언론사가 글로벌 포럼이나 콘퍼런스를 주최하는 이유는 이 행사들이 언론사의 최대 매출 창구이기 때문이다. 언론사는 거액을 들여 세계적인 유명 인사와 석학을 초청해 행사를 진행한다. 그리고 다음 날 포럼 기사로 지면과 뉴스를 가득 채운다.

대부분의 언론사는 이런 행사비를 대기업, 금융회사, 공공기관 등으로부터 협찬금을 받아 충당한다. 행사를 치르고 남은 돈은 고스란히 회사의 수익이 된다. 적게는 수억 원에서 많게는 수십억 원이 이익으로 남으니 언론사의 오너 일가는 이런 행사에 사활을 건다. 협찬금의 일부를 기자에게 인센티브로 제공하기도 한다. 기자가 이런 문화에 한번 발을 들이면 협찬 기업을 비판하기 어려워지는 것이 인지상정이다. 협찬 기업과 언론사, 기자의 삼각 공생관계가 형성되는 것이다.

기자들의 역할 가운데 백미는 현직 대통령을 행사에 참석시키는 것이다. 대통령 축사를 섭외하고, 행사장에서 대통령과 오너가 자연스럽게 대화를 나누도록 한 기자는 능력을 인정받아 언론사에서 승승장구한다. 그러니 기자들이 포럼에 적극적으로 뛰어들 수밖에 없다. 협찬이든 섭외든 두각을 드러내야 하기 때문이다.

기자를 하면서 협찬만큼이나 당황스러웠던 또 하나가 바로 공짜 골프다. 2011년 한 증권사 사장이 초단타 매매자들에게 부당한 특혜를 줬다는 혐의로 재판을 받고 있었다. 법원에 출석하는 그에게 나는 혐의를 인정하느냐고 몇 마디 질문을 던졌다. 특별한 질문도 아니었다. 그런데 재판이 끝난 뒤 회사로 복귀하자 부장은 대뜸 질문하는 영상을 사용하지 말라더니 아예 기사를 삭제하라고 했다. 나는 기사를 이런 식으로 삭제하면 기자들에게 부장의 영이 서겠느냐고 항의했는데, 이어진 그의 대답에 할 말을 잃고 말았다. "나 이번 주말에 거기 사장이랑 골프 약속 있어."

기자가 된 지 3년쯤 됐을 무렵, 한 선배 기자가 특종을 하려면 골프를 칠 줄 알아야 한다며 골프 배우기를 권했다. 출입처의 고위층과 골프를 함께 쳐야 끈끈한 관계가 되고 고급 정보도 많이 얻는다는 조언이었다. 나는 그길로 골프를 배웠고 몇 번 선배들을 따라나섰지만, 골프 치고 식사까지 하는 동안 취재라고 할 만한 대화는 오가지 않았다. 기자들의 비용은 매번 상대 측에서 냈고 기자들은 당연하다는 듯 계산대 근처에도 가지 않았다. 취재를 빙자한 공짜 골프는 이미 기자들의 일상이 되어 있었다.

2016년 김영란법이 시행되면서 출입처의 접대 골프 문화는 잠시 자취를 감추는 듯했다. 하지만 최근 기자들의 공짜 골프가 다시 성행하기 시작했다. 기자들은 20만 원대 후반인 주말 골프장 이용료나 한 팀에 보통 12만 원 하는 카트비를 내지 않는 경우가 허다하다. 법조 기자 출신인 김만배 씨가 기자들과 골프를 칠 때마다 인당 100만 원이라고 해서 세상에 알려진 골프장에서의 금품 제공 관행도 상품권 형태로 유지되고 있다. 접대하는 쪽에서 여러 꼼수를 써서 김영란법을 유명무실하게 만들기도 하지만, 기자들이 공짜 골프에 적극적인 경우도 많다. 로비스트와 9억 원대 돈 거래를 한 통 큰 기자까지 등장하자, 그에 비해 금품을 적게 받은 기자들은 상대적으로 죄책감이 사라지는 모양이다. 그러다 보니 공짜 골프를 즐기는 것을 넘어 기사에 영향을 미치는 단계에까지 접어들었다. 자본 권력으로부터의 독립이 시급하다.

너는   홍어는 아니구나

2022년 11월 도어스테핑 충돌이 벌어진 이후 나의 고향을
궁금해하는 사람들이 많다는 말을 지인에게 들었다. 인터넷
에 나의 고향을 검색하는 사람들도 있다고 했다. 웃어넘겼
지만 썩 유쾌하지는 않았다. 내가 뭐라고 고향까지 알려고
하는 것일까.

"MBC 이기주 기자 고향 어딥니까? 전라도인지 아닌지 알
려주세요."
"해당 기자는 고향을 비밀로 하고 있습니다."

"MBC 이기주 기자는 학력과 고향이 안 나오는데 어떻게
돼요?"

"아무리 찾아봐도 안 나오네요. 심지어 고향도 안 나오고요."

포털사이트에 접속해 나의 이름과 '고향'이라는 단어를 검색어로 넣었더니 지인이 말해준 질문과 대답이 실제로 올라와 있었다. 콕 집어 전라도인지 아닌지 알려달라는 것을 보면 단순한 궁금증 수준은 아닌 것으로 보였다. 나에 대한 살인 예고 글이 극우 성향 사이트인 일베에 올라왔을 때도 내가 전라도 출신일 것이라는 추측성 댓글이 험악한 표현으로 적혀 있었다.

　나의 출신 지역을 궁금해한 것은 2013년 내가 MBC에 입사했을 당시 부장도 마찬가지였다. 부장과 단둘이 회사 앞에서 점심 식사를 하던 어느 주말, 그가 갑자기 나에게 고향을 물었다.

　"이기주 씨는 고향이 어디지?"
　"서울입니다."
　"그럼 부모님 고향은 어디야?"
　"부모님도 서울 출생이십니다."

누군가로부터 부모님 고향을 질문받은 건 그때가 처음이었다. 불쾌한 대화를 서둘러 끝내려고 퉁명스럽게 서울이라고 답했다. 그런데 더욱 불쾌한 말을 듣고 말았다.

"그래? 몇 년생이신데 서울이야?"

"49년생, 52년생이십니다."

"그 시절에 둘 다 서울은 드문데…. 아무튼 너는 홍어는 아니구나."

부장은 웃었고 테이블에는 침묵이 흘렀다. 홍어를 입 밖으로 꺼내는 사람이 실제로 있다는 사실이 놀라웠다. 몇 년 뒤 그는 세월호 불공정 보도 책임과 취재 방해, 특정 지역 출신 비하 용어를 사용한 점 등의 이유로 해고됐다. 나는 그가 제기한 해고무효 소송 재판에 증인으로 출석해달라는 부탁을 회사로부터 받았다. 홍어 발언을 들었던 사실을 있는 그대로 진술해달라는 요청이었다.

"저 말고 누가 또 홍어 발언을 증언하나요?"

"이기주 씨 한 명입니다."

"증인이 저 혼자라고요?"

홍어 발언을 들은 사람이 나만은 아닌 것으로 아는데, 법원에 나가겠다는 사람이 나밖에 없다는 것이 놀라웠다. 다른 사람들은 다들 기억이 불명확하다고 했단다. 한때나마 동료이자 선배였던 이의 해고무효 소송에 출석해 부정적인 영향을 줄 수 있는 진술을 공개적으로 하는 것이 부담스러웠을 터이지만, 서운한 것은 어쩔 수 없었다.

그렇게 나는 태어나서 처음으로 법원에 증인으로 섰다. 판사는 나에게 선서를 해도 되고 하지 않아도 된다고 했다. 둘의 차이를 물어보니, 선서하면 위증에 따른 처벌을 받게 되지만 그만큼 증언에 대한 신뢰도가 올라간다고 했다. 나는 선서를 한 뒤 증인석에 앉았다.

그날 나는 부장의 홍어 발언으로 큰 상처를 받았고, 부모님과 내가 이런 모욕을 당할 이유도 없으며 그와 함께 일할 수 없다는 취지로 증언했다. 그리고 얼마 뒤 법원은 그가 제기한 해고무효 소송을 기각했다. 1심 재판부는 "전라도 지역을 일컫는 대표적인 혐오 표현을 원고가 자주 사용한 사실이 인정된다. 상호 인격을 존중하고 직장의 질서를 유지해야 한다는 취업규칙을 위반했다"라고 판시했다. 부장은 항소했지만 연이은 패소로 해고가 확정됐다.[3]

지역감정과 혐오는 수십 년이 흘러도 사라질 기미를 보이지 않는다. 국민 통합은 선거 때마다 등장하지만 허울 좋은 구호로 소비될 뿐이다. 만약 내가 전라도에서 태어났다면 경상도 출신들에게는 내가 보도한 기사가 다르게 읽히기라도 했을까. 그들의 바람대로 내가 홍어였다면 그들은 나에게 뭐라고 했을까. 홍어는 또 무슨 죄인가. 남녀노소 할

---

3 《미디어오늘》 2021년 3월 5일, 〈'세월호 불공정 보도' 전직 MBC 간부, 대법원도 '해고 정당'〉, 김도연.

것 없이 갈라치기부터 하려고 드니 생각만 해도 아찔하다.
이래서 타이레놀을 끊을 수 없다.

첩의   자식

2017년 5월, 나는 노조 추천으로 오마이뉴스와 익명 인터
뷰를 했다. 2012년 MBC 파업 이후 입사한 경력 기자 자격
으로였다. 노조가 왜 미리 상의도 안 하고 나를 인터뷰에 내
몰았을까 의아했지만, 마감이 임박했으니 꼭 좀 인터뷰해달
라는 오마이뉴스 기자의 간청을 동업자 입장에서 차마 거
절할 수 없었다. 그렇게 나온 기사의 제목은 〈"회식 따로,
야식도 고민"…MBC의 찢어진 '속살'〉이었다. 기사는 이렇게
시작한다.

언론(言論). '말(言)'과 '논함(論)'이 넘쳐야 할 자리에 정작 대
화가 없다고 했다. MBC 내부 얘기다. MBC는 2012년 파업
이후 5년째 '공채와 경력·시용', '파업참가자와 불참자', '1노

조와 반노조' 등 내부 구성원 간 분열로 내홍을 겪어왔다.[4]

기사는 2012년 파업 이전부터 MBC에 몸담고 있던 기자들을 '기존 기자'로 표현했고, 파업 이후 입사한 기자들을 '경력 기자'로 칭했다. 오마이뉴스 기자가 편의상 나눈 것이지만 이 슬프면서도 단순한 이분법 분류는 지금도 크게 달라지지 않은 것 같다.

임명현 MBC 기자는 2017년 출간한 책 《잉여와 도구》에서 '기존 기자'를 '잉여적 기자', '경력 기자'를 '도구적 기자'로 분류했다. 기자라는 기존 업무에서 배제된 잉여 인력들, 그리고 경영진의 업무에 도구로 쓰이는 인력들을 이분화한 시각이었다. 명칭에서도 드러나듯 두 집단은 서로 함께할 수 없는 존재였다. 어느 한쪽이 잉여적 존재가 돼 밖으로 밀려나야 다른 쪽이 안으로 들어오는 구조였다. '기존 기자'와 '경력 기자'가 융화되지 못한 것은 2012년 파업으로 쫓겨나거나 해고된 선배 혹은 동료에 대한 '기존 기자'들의 연대 의식 때문이기도 했지만, MBC만의 강력한 순혈주의도 크게 작용하고 있었다.

시용[5]과 경력 기자들이 김재철 사장 체제의 사상 검증을 받고 들어왔다는 얘기가 돌면서 '기존 기자'와 '경력 기자'의

4 《오마이뉴스》 2017년 5월 27일, 〈"회식 따로, 야식도 고민"…MBC의 찢어진 '속살'〉, 김성욱·신지수·신민정·배지현.

거리는 더욱 멀어졌다. 김주언 전 한국기자협회장이 2019년에 발간한 책 《이명박근혜정권의 언론통제》에는 MBC의 경력직 면접 자리에서 당신은 보수냐 진보냐, 차기 대통령은 누가 되어야 하는가, 고향은 어디냐 등의 질문이 공공연하게 나왔다는 대목이 나온다. 표현은 조금씩 달랐지만 실제로 그랬다.

나는 실무 면접에서 "2012년 MBC 파업에 대해 어떻게 생각하느냐"는 질문을 받았다. 이 질문을 했던 면접관은 3년 뒤 MBC에서 보도국장이 됐다. 나는 노조가 법에 부여된 권리를 행사한 것이라고 무미건조하게 대답했는데, 다행인지 면접관들은 별다른 반응을 보이지 않았다. 최종 면접에서는 내 옆에 앉았던 지원자 한 명만 당시 MBC의 본부장급 인사로부터 같은 질문을 받았다. 그 지원자는 강한 어조로 사측의 노조 탄압을 비판했다. 최종 합격자 명단에 그의 이름은 없었다.

그런데 2017년 파업을 치른 뒤에는 이런 이분법이 더는 유효하지 않게 됐다. '기존 기자'는 '기존 기자'대로, '경력 기자'는 '경력 기자'대로, 그 안에서도 성향이 다양해졌기 때문

---

5 MBC는 2012년 파업 대체 인력으로 '1년 근무 후 정규직 임용'이라는 조건을 내걸어 비정규직 기자 20여 명을 채용했다. 외부에서는 이들을 시용 기자라고 불렀다. 2013년 김재철 MBC 사장은 시용 기자 대부분을 정규직으로 전환했다.

이다. 오마이뉴스 인터뷰에서 나는 "MBC에는 모두 피해자만 있다. 가해자는 없는데 피해자만 있는 꼴"이라고 말했다. 강자와 약자, 가해자와 피해자의 경계가 점차 흐려지기 시작했고 양측이 혼입되고 있다는 의미였다.

멀쩡히 일하던 기자가 정권 교체 5년마다 회사 밖이나 창고로 발령이 나고 기존 업무에서 배제되는 일이 빈번히 일어나는 곳이 MBC다. 자신이 밀려났을 때는 불법이라며 길길이 날뛰던 기자들은 정권이 교체돼 반대쪽 사람들이 밀려날 때는 그 불법을 모른 척하고 외면한다. 그러니 모두가 나만 억울하고 나만 피해자다. 피해자는 가득한데, 자신이 가해자라고 고해성사하는 사람을 찾아볼 수 없는 곳도 MBC다.

처음에는 피해자였지만 다시 누군가에게 가해자가 되고, 가해자였다가 또 누군가에게 피해를 당하는 악순환도 끊이지 않았다. 학교폭력의 가해자와 피해자 군상과 흡사했다. 나의 기억에 강렬하게 남아 있는 한 가해자 역시 스스로는 피해자라고 여기고 있을지 모른다. 남에게 상처 주는 것에 이미 둔감해졌기 때문이다.

2015년 어느 일요일로 기억한다. 뉴스데스크가 끝났을 즈음 한 선배 기자가 잠깐 보자며 전화를 걸어왔다. MBC에 입사한 뒤 2년 동안 한 번도 교류가 없던 선배였다. 일요일 늦은 저녁 시간이어서 그런지 그는 텅 빈 사무실에 혼자 있었다. 그는 주변을 살펴 사무실에 아무도 없다는 것을 확인한 뒤 나에게 MBC에서 생활하는 법에 대해 일장 연설을 늘어놓기 시작했다.

"공채 기자들이 너를 왜 싫어한다고 생각하냐? 너는 김재철이 데려온 첩의 자식이야. 비유하자면 그래. 내 말 맞잖아."
"첩의 자식이라고요?"
"네가 만약 본처의 자식이라면 김재철이라는 아버지가 첩의 자식을 집에 들였을 때 기분이 좋겠냐. 첩의 자식답게 행동해. 너를 마음에 안 들어하는 사람이 많으니까."

평소 교류가 전혀 없던 선배가 왜 이런 말을 하는지 당황스러웠지만, 나는 한쪽 귀로 듣고 한쪽 귀로 흘리기로 했다. 나역시 공채 기자들의 상처를 비집고 들어온 경력 기자로서미안한 마음이 있었기 때문이다.

그런데 이 선배의 납득할 수 없는 행동은 이것이 끝이 아니었다. 며칠 뒤 자정 무렵, 밤늦은 술자리에 나를 부른 이선배는 술을 한 잔 받으라더니 술은 따르지 않고 갑자기 주먹을 휘두르기 시작했다. 그래도 분이 안 풀리는지 그는 내앞에서 씩씩거리며 "김재철이 데려온 첩의 자식!"이라고 소리쳤다. 술자리에 같이 있던 MBC의 '기존 기자'는 그의 주먹질을 말리지 않았다.

이 일은 엄연한 회사 폭력이었다. 배척과 증오로 얼룩진 폭언과 폭행의 순간, 적어도 그때 MBC에 그리고 나에게 인권은 없었다. 후배에게 첩의 자식이라는 말을 아무렇지 않게 뱉고 욕설과 구타를 서슴지 않던 선배는 여전히 MBC의 '기존 기자'로 살고 있다.

이 증오에서 벗어나려면 사직서 한 장 던지면 끝날 일이었다. MBC를 떠나지 않고 살아남으려면 내가 이겨내야 했다. 나는 고민 없이 후자를 택했다. 그 선배 기자는 아직도 나에게 사과를 하지 않았고, 나는 그가 왜 주먹까지 휘둘렀는지 정확한 이유를 알지 못한다. 그래도 나는 그를 비난하지 않았다. '기존 기자'들과 등을 돌리지도 않았다. 내가 더 당당해지는 것이 이기는 길이라고 생각했기 때문이다. 그리고 이날 이후부터는 '경력 기자'로서의 미안함을 더는 갖지 않기로 했다.

나는 보수 정권이 만들어놓은 괴이한 언론지형에서 탄생한 기자다. 이동관, 김재철로 대변되는 보수 정권의 상징인 종편이 득세할 때 MBC에 둥지를 틀었고, 김재철 키즈로 불렸다. 누군가의 키즈가 아니라는 것을 보여주기 위해 더욱 노력해야 했다. '첩의 자식'에게만 씌워진 스스로를 증명해내야 한다는 굴레는 10년 넘도록 그 끝이 보이지 않는다. 그나마 성과와 능력으로 인정받으면 무리 지어 힘을 과시하는 이들보다 더 큰 힘이 생긴다는 사실을 깨달은 것이 소득이라면 소득이었다.

'첩의 자식' 사건 이후 언제부터인가 MBC 뉴스에서 직장 갑질이나 태움을 비판하는 보도가 나갈 때면 속쓰림을 느끼기 시작했다. 겉으로는 괜찮은 척했지만 일종의 트라우마가 생긴 것이 분명하다.

고통도   은총이라고요?

2017년 9월 5일, 고용노동부 서부고용노동지청 앞은 김장
겸 당시 MBC 사장의 출석 장면을 취재하기 위해 아침부터
기자들로 북적였다. 김장겸 사장은 부당노동행위 등의 혐의
를 받고 있었다. 사흘 전 전국언론노조 MBC 본부 조합원들
이 김장겸 퇴진을 외치며 총파업에 돌입했고, 나 역시 조합
원이었으니 파업에 동참한 상태였다. 당시 나는 노조의 파
업특보 소식지 발간에 참여하고 있었는데, 이날 현장에 나
온 것도 김장겸 사장의 출석 장면을 파업특보에 쓰기 위해
서였다.

　김장겸 사장에 대한 조사는 일찍 끝날 기미가 보이지 않
았다. 밤에 끝날 것 같다는 얘기가 돌았다. 김재철 전 사장
이 나타난 것은 기자들이 점심 식사 중이던 낮 12시 30분

쯤이었다. 김재철 전 사장도 부당노동행위 혐의 등을 받고 있었다. 같은 날 같은 장소에서 MBC 전·현직 사장 둘이 함께 조사를 받을 것이라는 정보를 몰랐던 기자들은 당황했고, 김 전 사장의 조사실 앞으로 황급히 몰려들었다.

오래 걸릴 것으로 예상했던 김재철 전 사장에 대한 조사는 예상보다 일찍 끝났다. 그는 출석 1시간 반 만인 오후 3시쯤 조사를 마쳤다. 그가 갑자기 문을 열고 나오자 조사실 앞 복도에 쭈그리고 앉아 있던 나는 재빨리 앞으로 다가가 인사를 건넸다.

"사장님 안녕하세요. MBC 이기주 기자입니다."
"아 MBC…."

MBC라는 말에 그는 내 얼굴을 쳐다보며 짧은 탄식을 뱉었다. MBC 구성원들 가운데에는 2010년 이후 김 전 사장 재임 기간 벌어진 각종 프로그램 폐지와 출연진 하차, 장기간 파업 등으로 그에게 반감을 가진 이들이 많았다. 하지만 그는 나를 MBC에 뽑아준 인물이었고, 내가 MBC에 입사한 뒤 한 달 만에 회사를 떠났기 때문에 나는 그에게 특별한 반감이 없었다.

조사를 마친 그는 노동청 건물 밖으로 나온 뒤에도 택시를 부르지 않고 큰길을 향해 계속 걸었다. 기자들이 김 전 사장을 따라 걸었고 대화도 길어졌다. 김 전 사장은 "5년 만에 총파업에 들어간 MBC 후배들에게 할 말 없느냐"는 나의 질문을 즉각 받아칠 만큼 애드리브가 뛰어났다.

그는 다변이었다. 질문에 국한하지 않고 본인이 하고 싶은 말을 마구 꺼냈는데, 갑자기 MBC가 민영화돼야 한다고 주장하면서 말이 길어졌다. 그의 장황한 민영화 주장에 기자들이 하나둘씩 떨어져 나갔다. MBC 민영화는 언제든 논의가 필요한 주제였지만 길거리에서 감정적으로 꺼낼 얘기는 아니었다. 논점을 부당노동행위에서 민영화로 옮긴 그의 화법에 마뜩잖아 하다가 공개 설전이 시작됐다. 나에게 예의를 갖추라는 취지로 말하던 김 전 사장은 돌연 악수를 청했다. 조사를 받기 위해 출석한 인물과 기자가 악수하는 장면이 바람직하지 않다는 생각이 들어 물었다.

"악수의 의미는 뭔가요?"
"아니 후배가 열심히 해서 제대로 언론인으로 크게 성공하길 바라지."
"많은 후배들이 고통받고 또 총파업에 들어가지 않았습니까."
"예전에 그런 말이 있잖아. 고통도 은총이라고."
"은총이요?"
"응."

"무슨 은총이요?"

"김수환 추기경님이 하신 말씀이 있잖아. 고통을 통해서 우리나라 언론이 또 새롭게 태어나는 거지."

잊고 있던 이 장면이 5년 후에 역주행하는 일이 벌어졌다. 2022년 11월 18일 도어스테핑 충돌이 벌어진 직후였다. 나에 대한 인터넷 검색이 늘어나면서 자신을 뽑아준 사장 앞에서 입바른 소리하던 나의 과거 모습이 다시 사람들의 입길에 오른 것이다. 속 시원하다는 반응이 많았지만, 어른한테 예의 없다는 비난도 있었다.

돌이켜보면 나는 어릴 때부터 성격이 그랬다. 중학생 시절 문민정부가 출범했는데도 애국 조회 때 거수경례를 시키는 학교 문화를 거부한답시고 경례하던 손을 내 마음대로 내렸다가 대낮에 별을 보았다. 군대 시절에는 배식이 끝난 뒤 사병 식당에 찾아와 다짜고짜 왜 자신의 밥을 안 차려놓았느냐고 욕설과 폭언을 퍼붓던 간부에게 참다못해 우리가 간부 밥 차려놓고 기다리는 사람들이냐고 맞받았다가 호된 얼차려를 받아야 했다. 2015년 9월에는 MBC 뉴스의 문제점을 비평한 노조의 보고서를 보도국장이 파손하는 장면을 목격한 뒤 이를 그냥 지나치지 못하고 문제 삼았다가 홀로 노동청에 출석해 조사를 받아야 했다.

군사 독재정권도 아닌데 왜 어린 학생들이 선생님에게

거수경례를 해야 하는 것일까. 배식 시간이 끝나면 밥을 모두 치우는 것이 원칙인데 늦게 온 간부에게 사병은 왜 욕을 들어야 하는 것일까. 통로에 비치돼 있던 노조의 문서는 왜 보도국장에게 찢김을 당해야 하는 것일까. 나는 납득하기 어려운 상황에 대해서는 일단 문제 제기라도 해야 직성이 풀리는 성격이다. 타고난 성격이 이러니 시간을 되돌린다고 해도 기자를 하면서 나에게 닥쳤던 곤란한 상황들을 피할 수는 없었을 것이다. 고통도 은총이라는 말을 받아들일 수 없는 것은 당연한 일이었다.

나의 사표(師表)   리영희

내가 대학에 입학한 1990년대 후반기는 IMF 외환위기의
직격탄을 맞은 직후였다. 연쇄 부도와 대량 실업 사태의 영
향으로 선배 후배 할 것 없이 취업 공부가 시급했고 졸업을
미루기 위해 서로 군대에 먼저 가려고 경쟁을 벌였다. 연세
대 사태[6] 이후 의식화 교육은 캠퍼스에서 사라져가고 있었
다. 70~80년대 학번 선배들이 필독서처럼 읽었다는 강만
길이나 박현채, 리영희 등의 책을 읽는 학생은 적어도 내 주
변에는 없었다.

　그래서 《전환시대의 논리》가 생소했는지도 모른다. 기

6　1996년 8월 제7차 범민족대회 남측 행사를 개최하려는 한총련 등을 경찰이
　　강제 해산하려 하자 대회 참가자들이 연세대 건물을 점거했다가 경찰에 진
　　압된 사건을 말한다. 이후 한총련의 위세가 크게 약화됐다.

자가 된 직후 한 선배가 《전환시대의 논리》를 읽어봤느냐고 물었다. 아니라고 말하기 부끄러워 읽어본 척하다가 슬그머니 나중에 책을 구매했다. 책을 읽고 나서야 수습기자였던 나에게 선배가 리영희의 책을 권한 이유를 알 것 같았다.

《전환시대의 논리》의 머리말은 칸트의 코페르니쿠스적 전환으로, 본문은 벌거벗은 임금님 이야기로 각각 시작한다. 나는 칸트나 코페르니쿠스의 근처도 못 갈 만큼 과문하지만, 기자라면 흔한 사고방식에서 벗어나 새로운 인식의 눈으로 세상을 보는 용기가 필요하다고 믿는다. 그것은 그저 강짜를 부리는 객기와는 다르다. 선생은 책에서 오늘의 사실을 오늘 규명하지 않으면 통치 계급의 횡포는 계속되고 대중은 암흑을 더듬는 상태를 계속할 수밖에 없다고 했다. 허위의 권위를 벗길 기자의 용기는 먼 훗날이 아닌 바로 오늘 필요하다는 선생의 말이 좋아서 한때 책상에 글귀를 따로 붙여놓기도 했다.

선생이 쓴 〈기자풍토 종횡기〉와 〈직업수필〉은 나의 기자 생활 지침서였다. 합동통신 국제부와 조선일보 국제부에만 13년간 있던 선생이 어떻게 이렇게 기자의 생리를 꿰고 있는 건지 놀라웠다. "자네만 오게"라는 다섯 글자로 기자와 권력이 공생관계가 되는 장면과, 선배 기자에게 타락했다고 비판하던 수습기자가 어느 날부터 "골프는 사치가 아니"라며 구습에 동화되는 모습을 통렬하게 비판하는 선생의 글을 읽고 있으면, 마치 과거에서 타임머신을 타고 온 스승에게 호되게 혼나는 느낌이었다.

도어스테핑 충돌 이후 살인 예고 협박을 받을 무렵 책장에서 《리영희 평전: 진실에 복무하다》를 다시 꺼냈다. 유신 정권으로부터 고초를 겪으면서도 지성인의 역할을 하려던 리영희 선생을 보면서 마음을 다잡고 싶었다. 이 책은 리영희 선생의 일대기, 선생에 대한 저자 권태선의 평가, 그리고 현 언론 환경에 대한 저자의 생각 등이 고루 담겨 있는데, 최근의 기자 풍토를 바라보는 저자의 글이 새삼 흥미로웠다. 저자는 특히 권력과 언론사주의 이익을 위해 봉사하다 갑자기 정계로 진출하는 정치부 기자들을 신랄하게 비판했다. 자신이 취재하던 출입처를 하루아침에 새 직장으로 삼는 뻔뻔함, 그것을 언론의 자유로 호도하는 기자의 모순적 태도를 아프게 꼬집은 것이다. 기자가 언론의 자유를 언론 기업의 자유 혹은 언론인의 자유로 오도하며, 사익을 위한 자신들의 주장을 뻔뻔스럽게도 '할 말을 하는' 언론으로 포장하기까지 한다고 일갈하는 글을 보면서 과연 리영희의 제자답다고 감탄했다.

2020년 4월, 기자 생활 10년이 넘어 정치부에 처음 발령 났을 때 나는 시험대에 오른 것 같았다. 선생이 매섭게 꾸짖었던 재계나 정계의 상층부와 어울리는 기자, 권력과 금력 앞에 무력해진 기자, 강자의 대변자 노릇에 만족하는 기자들과 나는 다를 수 있을까. 그나마 총선에서 패한 야당 담당이어서 최고 권력과 만날 일은 없으니 괜찮지 않을까. 신념과 현실 사이에서 갈피를 잡기 어려웠다. 불과 2년 뒤 나의 취재 대상에 대통령이 포함될 것이라고는 상상할 수 없을 때였다.

2

청와대 기자
그렇게 하는 것
아니다

몰라도 너무 몰랐던   기자들의 오만

사람들은 나에게 왜 그토록 윤석열 대통령을 비판하느냐고 묻는다. 이유는 간단하다. 첫째는 윤석열 대통령이 살아 있는 권력이기 때문이고, 둘째는 윤석열의 사전에 내로남불은 없을 것이라고 했던 정치인 윤석열의 말과 행동이 너무 다르기 때문이다. 당무 개입 논란부터 언론 탄압, 야당 협치, 노동정책 등 헤아릴 수 없이 많은 사안에서 그는 선거 과정에서 자신이 했던 말과 상반된 모습을 보였다. 그의 말과 행동을 모아 보면 과거의 윤석열과 현재의 윤석열이 싸우는 식이다.

내로남불은 진영과 상관없이 비판받아 마땅하다. 내가 정치인 윤석열을 2년 동안 옆에서 취재하면서 내린 결론은 그는 자기 자신에게는 한없이 관대하다는 것, 그리고 정반

합을 이끌어낼 정치적 능력을 갖추지 못했다는 것이다. 그럼에도 대통령으로 선출됐으니 그의 권력에 상응하는 비판과 견제를 받는 것은 자연스러운 일이다.

2023년 6월 30일, 기자 출신인 이부영 자유언론실천재단 명예 이사장은 유튜브 〈오마이TV−오연호가 묻다〉에 출연해 "'윤석열 대통령이 앞뒤가 다르고 배신을 하는 사람이라는 것을 모르고 우리가 문재인 대통령에게 잘못 추천했다, 정말 우리가 죽을죄를 지었다'라고 누가 한마디라도 했어요?"라며 문 전 대통령의 참모들을 비판했다. 이런 비판이 문재인 전 대통령의 주변 사람들에게만 해당하는 말일까. 권력을 잡겠다고 나선 그를 제대로 검증하지 못해 국민을 고통에 빠지게 한 언론 역시 이런 지적에서 자유로울 수 없다.

2021년 6월 9일, 윤석열 전 검찰총장이 사퇴 후 두 달 만에 첫 정치 행보에 나섰을 때 나는 그를 바로 옆에서 지켜봤다. 그는 대선 주자로서 첫 공개 일정을 서울 남산예장공원에 지어진 우당 이회영 선생 기념관 개관식으로 정했는데, 당시 수많은 취재진과 지지자들이 그를 보기 위해 행사장에 몰렸다. 하지만 윤 전 총장은 이날 미리 준비하고 온 듯 기자들의 질문 폭탄에 모호한 태도로 일관했다. 나는 윤 전 총장 바로 옆에서 대선 출마와 장모 논란에 대한 질문을 퍼부었지만, 그는 입을 열지 않거나 "오늘 저는 여기 손님으로 온 사람입니다"라는 식으로 답을 피했다.

주최 측이 이끄는 대로 끌려다니는 윤 전 총장은 얼이 빠진 듯했고 금세 흥건하게 땀이 찼다. 눈에 초점도 없어 보였다. 그가 움직일 때마다 기자들이 몰려들어 질문을 던졌지만, 그는 두리번거리기만 할 뿐 부산스러운 현장에 적응 못하는 눈치였다.

능수능란한 정치인의 모습과는 거리가 멀었던 윤 전 총장의 첫 등판은 준비가 부족해 보였고, 대선 과정에서 노회한 보수 정치인들에게 이용만 당하다 내쳐질 것처럼 보이기도 했다. 인파에 다소 넋을 잃은 듯한 표정을 지었던 윤 전 총장을 보며 이날 현장에 온 많은 정치부 기자들이 그의 정치인 변신에 코웃음을 쳤다. 기자들뿐 아니라 국민의힘 정치인들도 반응은 비슷했다.

이때의 생각이 오만이었다는 사실을 깨달은 것은 불과 몇 달 뒤, 대선 레이스가 시작된 직후였다. 윤 전 총장은 대선 후보로 공식 선출된 이후에도 모든 논란에 일일이 답변을 내놓지 않았다. 남산예장공원에서 '질문에 대답도 제대로 못하면서 앞으로 어쩌려고 저러나' 하고 코웃음 쳤던 기자들은 그가 당시 대답을 못한 것이 아니라 전략적으로 안한 것이라는 사실을 뒤늦게 깨달았다. 뻔해 보이는 얘기 같지만 실제로 그랬다.

2023년 2월, 나는 언론정보학회가 주최한 '대통령과 언론' 세미나에 참석해 대선 과정에서 윤석열 대통령의 언론관을 제대로 검증하지 않은 나를 포함한 기자들의 게으름을 자성하고 비판했다. 대통령의 언론관을 토론하는 세미나에 참석하겠다고 나서는 학자나 기자를 찾기 어려울 만큼 위축된 언론 현실을 자조하는 발언이었다. 세미나가 열리기 정확히 1년 전 윤 대통령은 언론의 자유를 강조하면서 다른 한편에서는 언론사 파산까지 언급해 이른바 사적 보복 논란을 일으켰었다.

> 어떤 중요한 부분에 대해서 개인의 인권을 침해하고 진실을 왜곡한 기사 하나가 그 언론사 전체를 파산하게도 할 수 있는 그런 강력한 시스템이 우리의 언론 인프라로 자리를 잡았다면 제가 볼 때는 공정성이니 이런 문제는 그냥 자유롭게 풀어놔도 그런 것만이 자리를 잡는다면 저는 전혀 문제가 없다고 봅니다. (2022년 2월 12일, 열정열차 유세 도중)

김건희 여사의 7시간 녹취 보도 직후여서 논란이 확대될 법도 했지만, 대장동 이슈가 워낙 컸고 다른 이슈도 많다 보니 기자들은 윤 대통령의 위험한 언론관을 외면하는 우를 범했다. 결국 당선 후 그의 위험한 언론관은 현실이 됐고, 윤석열 정부 2년 차가 되자 KBS와 MBC 등 공영방송은 창사 이래 최대의 위기에 직면하게 됐다.

1933년 초 독일의 보수 정치인들은 총리 자리를 넘보는 히틀러를 얕잡아보았다. 자신들이 히틀러를 이용하고 관리할 수 있을 것이라는 오만에 빠져 있었다. 당시 11명의 각료 중 나치 소속 장관은 히틀러 포함 3명뿐이었다. 보수 정치인인 파펜이 부총리로 건재했고, 장관 숫자도 기존 정치인들이 압도적 우위를 점하자 마음을 놓았다. 이런 안이한 인식을 비웃기라도 하듯 히틀러의 심복인 헤르만 괴링이 프로이센주의 경찰력을 장악하면서, 현대 헌법의 기초를 다질 정도로 민주주의가 성숙했던 바이마르 공화국은 허망하게 역사 속으로 사라졌다.

이를 두고 미국의 역사학자인 벤저민 카터 헷 뉴욕시립대 교수는 1933년 이후 나치가 한 일들은 모두 권력을 잡는 과정에서 미리 보여준 일이라고 지적하기도 했다. 윤 대통령을 검찰총장으로 천거한 이들을 비판한 이부영 이사장의 회한과 크게 다르지 않다. 윤 대통령에게 권력을 쥐여준 이들은 그를 예리하게 보는 데 실패했고, 앞으로 무슨 일이 생길지 한 치 앞을 내다보지 못했다.

나는 이 모든 결과가 기존 정치인들의 무능, 그리고 권력 감시가 본령인 언론의 오만으로부터 싹텄다고 생각한다. 2021년 6월 9일 남산예장공원에 있던 나 역시 당시 윤석열 후보를 보고 코웃음 치던 기자들과 별반 다르지 않았다. 국민이 5년 동안 일방주의 통치를 견디는 고통에 내몰리도록 기자들은 직무를 다하지 못했다. 1933년 독일처럼 우리는 오만과 착각의 늪에 빠져 반자유주의 정권의 탄생을 방치했다. 검증의 책임을 다하지 못하고 국민의 기대를 저버린 기자들부터 반성해야 하는 이유가 여기에 있다.

용기를 내게 하는   설득의 힘

2023년 2월, 한국기자협회로부터 한 통의 전화가 걸려왔다. 한국기자상 심사위원회에서 나의 〈1호기 속 수상한 민간인〉 특종 보도를 제54회 한국기자상 '대상'으로 선정했다는 얘기였다. 심사위원회가 만장일치로 나의 보도를 대상작으로 선정했다는 말을 듣는 순간 얼떨떨해서 뭐라고 대답을 해야 할지 몰랐다. 내가 한국기자상, 그중에서도 대상이라니.

한국기자상은 우리나라 기자들이 받을 수 있는 상 가운데 가장 권위 있는 상으로 그 전통만 50년이 넘는다. 게다가 대상은 매년 선정되는 것도 아니어서 대상이 없는 해가 더 많다. 2년 만에 나온 대상을 단독으로 받게 됐다는 사실이 좀처럼 믿어지지 않았다.

여러 생각이 들었지만 〈1호기 속 수상한 민간인〉 보도 이후 벌어진 '바이든 날리면' 사태와 경찰 수사, MBC에 대한 외압, 전용기 탑승 배제와 도어스테핑 충돌 등 일련의 과정에서 내가 그리고 나의 동료들이 권력에 순치되지 않고 감시자 역할을 꿋꿋이 한 데 대한 뿌듯함이 가장 컸다.

한국기자상 대상을 받은 〈1호기 속 수상한 민간인〉 보도는 내가 2022년 7월 첫째 주에 내놓은 대통령실 관련 연속 기사다. 윤석열 대통령 부부가 첫 해외 순방에 이원모 인사비서관의 아내이자 고액 후원자 관계인 신모 씨를 1호기에 태워 동행한 것이 기사의 주요 내용이다. 이 비서관은 윤 대통령의 특수부 검사 후배였고, 이 비서관과 신 씨의 결혼을 중매한 이들이 윤 대통령 부부다. 윤 대통령 부부와 특수 관계이면서 대통령실 현직 인사비서관의 아내인 신 씨는 윤 대통령 취임 직후 대통령실 취업까지 시도했지만 불발됐다. 그러나 채용이 무산된 뒤에도 1호기를 타고 해외 순방에 동행해 김건희 여사의 일정과 의전 등을 챙겼으니, 사적 영역과 공적 영역이 혼재된 비상식적인 일이 벌어진 것이다.

나는 이 사실을 두 달여간 끈질기게 취재했고 결국 특종에 성공했다. 기자를 하며 한 번 있을까 말까 한 큰 특종이었다. 단순히 민간인 탑승이 문제가 아니라 '어떻게 권한이 없는 민간인에게 1급 국가 기밀을 맡기나'라는 문제의식에서 진행한 취재였기에 특종 보도의 의미는 더욱 컸다. 이후

신 씨뿐 아니라 대통령실에 숨겨져 있던 또 다른 사적 채용 의혹들까지 수면 위로 드러난 것은 큰 성과였다.

수상 한 달 뒤 한국언론진흥재단이 '한국기자상 수상자에게 듣는다'라는 행사를 개최했다. 발표자로 참석한 나는 두 달에 걸친 취재 과정과 후기를 설명했는데, 발표가 끝나자 한 청중으로부터 취재기법에 대한 질문을 받았다. "어려운 취재를 성공하셨는데 특별한 취재기법이 있었는지요? 있었다면 소개 부탁드립니다."

나는 한동안 답을 하지 못했다. 이번 취재는 끝없는 설득의 연속이었기 때문이다. 어떻게 답을 해야 할지 당혹스러웠다.

> "글쎄요. 특별한 취재기법이라고 할 만한 것이 없었던 것 같은데요. 제가 한 것은 취재원을 설득하고 또 설득한 것이 전부입니다. 취재원이 망설일 때 용기를 내도록 집요하게 설득했던 것이 취재기법이라면 기법인데… 깜짝 놀랄 만한 취재기법을 말씀드리지 못해 죄송하네요."

취재하다 더는 안 될 것 같다고 생각하던 차에 기대를 접었던 취재원으로부터 연락이 왔고, 그의 협조는 진실을 드러내는 데 결정적인 계기가 됐다. 그렇게 보면 나는 운이 좋았던 것일 뿐, 뛰어난 취재력을 발휘했던 것은 아니었다.

모든 취재가 신중해야 하지만 핵심 권력층에 대한 취재는 특히 조심스럽다. 신중에 신중을 거듭하다 보면 취재는 더디기 마련이다. 결과를 알고 나면 간단한 내용이지만 취재 과정에서는 이른바 〈1호기 속 수상한 민간인〉 신모 씨가 윤 대통령 부부를 수행하기 위해 마드리드에 간 것이 맞는지, 혹시 동명이인은 아닌지, 신 씨의 마드리드 행적은 무엇인지 하나하나 팩트 체크가 필요했다.

내가 접촉한 취재원들은 모두 위축돼 있었다. 하지만 진심이 통했는지 다행히도 용기를 내준 분들이 나타났고, 신 씨의 행적이 담긴 물증을 입수해 취재에 탄력이 붙을 수 있었다. 순방 약 한 달을 앞두고 신 씨가 답사팀에 속해 마드리드에 갔다는 얘기를 들었을 때 나는 사전에 입수해둔 신 씨의 사진 파일 몇 개를 취재원에게 보냈다. 그들이 섣불리 답하기 어려울 수 있겠다 싶어 기대를 접고 있었는데, 꽤 시간이 흐른 뒤 현지에서 답사 중인 여인이 이원모 인사비서관의 아내 신 씨가 맞다는 답이 돌아왔다. 일면식도 없는 취재원으로부터 하나하나 피드백을 받으며 퍼즐을 맞추는 취재는 즐겁고 흥미로운 경험이었다.

취재가 진행될수록 취재원들은 점점 더 용기를 냈고, 진실을 드러내는 일에 사명감 같은 것을 느끼기 시작했다. 어떤 때는 그들이 나보다 더 기자 같기도 했다. 나는 마드리드에 가지 않고도 신 씨의 현지 행적을 빠짐없이 파악할 수 있었는데, 이는 취재원들이 계속해서 용기를 내준 덕분이다. 이들이 없었다면 나의 취재는 단 10%도 완성되지 못했을 것이다. 그래서 자료를 참고만 하고 기사에 싣지 말아달라던 그들의 부탁도 끝까지 지켜주었다. 자료들을 공개하면 기사는 더욱 풍부해졌을 테지만 기사가 화려하게 나가는 것보다 취재원을 보호하는 것이 나에게는 훨씬 중요했기 때문이다.

취재가 진행된 시점은 새로운 정권이 출범한 지 고작 두 달밖에 지나지 않았을 때였다. 보도가 나가면 대통령실과 관계가 불편해질 게 불 보듯 뻔했다. 아니나 다를까, 매일 아침 6시 반에서 7시 사이에 대통령실 수석비서관들을 상대로 각종 현안에 대해 통화하던 일상 취재가 중단됐다. 나의 보도로 각 언론이 경쟁적으로 대통령실의 사적 채용 후속 취재에 뛰어들자 대통령실 관계자들이 내 전화를 불편하게 여기기 시작했다. 어느 정도 예상했지만 갑작스러운 기류 변화는 당황스러웠다.

그러나 나중에 알고 보니 내가 겪은 불편은 아무것도 아니었다. 취재원들은 당시 느낀 공포가 상상 이상이었다고 말했다. 사무실에서 이름이라도 불리면 취재 조력 때문에 불려가는 것인가 해서 모골이 송연했다고 했다. 상관에게 나와의 관계를 질문받은 이들도 꽤 있었다. 취재하고 보도하기까지 나에게도 용기가 필요했지만, 취재원들은 나보다 더 큰 용기를 내고 있던 것이다.

뉴스가 나간 뒤 나는 혹시나 취재원들의 신분이 들통날까 하는 걱정에 몇 날 며칠 잠을 이루지 못했다. 그들과 섣불리 연락할 수도 없어 안부를 확인하지 못한 날들은 지옥 같았다. 취재원이 색출 당해 어디론가 끌려가는 악몽을 꾸기도 했는데, 결국 그들 중 일부는 내 취재에 조력한 것으로 의심받다 불명확한 이유로 대통령실을 떠나기도 했다.

〈1호기 속 수상한 민간인〉 보도는 개인적으로 잘 알지 못했던 취재원들의 도움과 희생으로 완성됐다. 따라서 내가 취재를 잘해서 특종을 했다고 자랑한다든지, 큰 상을 받아 기분 좋다든지 하는 말을 가볍게 할 수가 없다. 거창할 것 없는 나의 취재 원칙 중 하나는 취재원 보호다. 그래서 이 보도의 후과는 더욱 아팠다. 그러나 그들은 자리를 잃으면서도 마지막까지 의연함을 잃지 않았고, 그들의 대범한 모습에 나는 말할 수 없을 만큼 큰 미안함을 느꼈다. 지금도 그들에게는 미안한 마음뿐이다.

곰곰이 생각해보면 누군가를 용기 내도록 하는 설득은 용기의 후폭풍까지 짊어질 것을 설득해야 하는 비겁한 과정이다. 그리고 용기 낸 이들을 내가 끝까지 지켜주지는 못한다는 사실까지 납득시켜야 하는 비인도적인 일이기도 하다. 비록 보도는 큰 성과를 냈고 영광스러운 상도 많이 받았지만, 보도 이후 대통령실에 대량 해고가 발생했고 취재원 중

일부는 자리를 잃었다. 이런 후폭풍을 예상했다면 나는 취재를 멈췄을지도 모른다. 한국기자상 대상의 이면에 불이익을 받은 취재원이 있다는 사실은 뼈아픈 기억으로 남았다.

풀러 기자가　　　　　　　　　중요하다

대통령 취재에는 '풀러'라는 개념이 있다. 출입 기자만 100명이 넘다 보니 대통령 경호가 중요한 행사장에 기자들이 모두 들어갈 수는 없다. 그래서 대통령이 참석하는 일정마다 출입 기자 1~2명씩 순서대로 돌아가며 현장 취재를 하고, 취재 내용을 기자단에 공유한다. 그렇게 기자단 대표로 취재에 나서는 기자를 풀러라고 부른다.

이 풀러 기자는 말로 표현할 수 없을 만큼 중요하다. 풀러가 현장에서 어떤 상황을 봤는지, 어떤 말을 들었는지에 따라 그것을 기사로 쓸 수 있을지 없을지가 결정된다. 풀러를 제외한 다른 기자들은 현장에 가지 못하기 때문에 대통령의 말과 행동을 직접 보고 들었다고 할 수 없다. 그렇게 말할 수 있는 사람은 풀러뿐이다.

풀러가 대통령의 말과 행동을 어떻게 기록해 공유하는지, 풀러가 눈썰미 있게 대통령과 영부인의 작은 몸짓 하나까지 파악하는지 여부에 따라 기사의 수준이 달라진다. 풀러가 대통령의 말을 못 들었다고 해버리면 나중에 영상으로 찾아내기까지 상당한 시간이 소요되고, 영상으로 확인하지 못하면 있던 일도 없던 일이 되고 만다. 촬영 풀러 기자도 마찬가지다. 촬영 풀러가 안 찍으면 있던 일이 없던 일로 바뀐다. 영상에 담기지 않으면 있던 일을 없는 일이라고 우겨도 방법이 없기 때문이다.

2022년 8월, 서울 신림동 반지하 주택 침수 현장에서 윤 대통령은 "퇴근하면서 보니까 아래쪽에 있는 아파트들은 벌써 침수가 시작되더라고요"라고 말했다. 현장에 나간 취재 풀러가 이 발언을 소음 때문에 듣지 못해 다른 기자들에게 공유하지 않았다면 이 발언은 알려지지 않았을 것이다. 또 촬영 풀러가 현장이 비좁아 촬영하기 어려웠다는 핑계를 대며 안 찍었다면 윤 대통령의 퇴근길 침수 발언은 영원히 없는 일이 됐을 것이다.

당시에는 취재 풀러가 현장 소음과 빗소리에도 대통령의 발언에 귀를 쫑긋 세우고 있었고, 촬영 풀러가 비좁은 공간에서도 열심히 촬영했기 때문에 발언이 신속하게 공유될 수 있었다. 만약 취재 풀러가 듣고도 못 들은 척했다면, 그 발언이 영상에 담겼어도 공식 발언 기록에 없다는 이유로

빛을 보지 못했을 수도 있다.

해외 순방을 가면 풀러에 대한 의존도는 더욱 심해진다. 풀러가 아닌 기자들은 대통령의 얼굴을 거의 보지 못한 채 호텔 프레스룸에만 머물러야 하기 때문이다. 직접 현장을 누비며 취재하는 것은 불가능하고 풀러의 정리 내용과 대통령실의 발표를 받아쓰는 수밖에 없다.

비공개 일정은 상황이 더 심각하다. 처음부터 풀러가 없어 기자들이 알 수 없는 장면들, 예를 들어 우리 대통령이 현지에서 얼마나 극진한 환대를 받았는지 혹은 얼마나 많은 현지인들이 도열해 박수를 쳤는지 등도 대통령실의 일방적인 발표가 기사의 유일한 재료다.

2023년 7월, 리투아니아를 방문한 윤 대통령이 빌뉴스 시내를 산책했을 때 미국 대표단이 다가왔고 곧바로 빌뉴스 시민들까지 합세해 길에서 〈아메리칸 파이〉 떼창을 불렀다는 기사가 거의 모든 언론사에서 나왔다.[1] 그런데 순방에 따라간 기자들은 떼창 장면을 보지 못했다. 대통령실에서 떼창을 했다고 하니까 마치 직접 본 것처럼 받아쓴 것이다. 그렇다 보니 윤 대통령과 샤를 미셸 EU 상임의장이 길에서 마주친 장면을 윤 대통령이 미국 대표단과 떼창 부르는 장면으로 잘못 보도한 언론사까지 생겨났다. 풀러도 없었고

1 《머니투데이》 2023년 7월 11일, 〈리투아니아에 尹대통령 부부 뜨자 '아메리칸 파이' 떼창 나왔다〉, 박종진.

기자가 직접 보거나 들은 장면도 아니다. 그래서 굳이 쓸 필요가 없는데도 대통령실 기자들은 낯 뜨거운 제목을 다는 수고까지 해가며 권력이 불러주는 대로 기사를 쓴다. 관행이라는 것이 이유다. 대통령실 기자들이 사회부 기자 시절에도 이런 검증되지 않은 기사를 썼을지 의아할 따름이다.

풀러는 기자들 사이에서 그저 순서대로 돌아오는 당번 같은 개념이지만, 못 들을 권력과 안 들을 권력, 또는 듣고도 못 들은 척, 보고도 못 본 척할 수 있는 권력을 가진 중요한 자리다. 풀러가 제대로 못 들었다고 해버리면 대통령의 공식 발언으로 인정받지 못한다. '바이든 날리면' 사태는 그래서 특이한 사례다. 당시 현장에 풀러로 간 취재기자는 TV조선 소속이었는데, 그가 공유한 윤 대통령의 발언 내용에는 '바이든 날리면'은 없었다. 그런데 현장에 가지도 않은 내가 촬영 풀러가 찍은 마지막 장면에서 '바이든 날리면' 발언을 찾아냈으니 정부와 여당이 볼 때 내가 얼마나 미웠을지 짐작할 수 있다. 그래서일까. '바이든 날리면' 사태가 극심해진 뒤 대통령실은 나에게 더는 풀러의 기회를 주지 않았다.[2]

---

2   《미디어오늘》 2022년 12월 9일, 〈대통령 근접취재'에서 배제된 MBC 기자들…순방 보도에 대한 보복?〉, 노지민.

최초 발견자와   퍼스트 펭귄

2022년 9월 미국 뉴욕에서 귀국하자 많은 이들이 나에게 '바이든 날리면' 영상을 도대체 어떻게 처음 발견했느냐고 물었다. 문제의 발언은 윤 대통령이 무대에서 내려와 퇴장할 때 나왔기 때문이다. 단순한 궁금증으로 물어온 사람도 있었지만 나를 비난하기 위해 음흉한 의도로 물어온 사람도 있었다. 한술 더 떠 내가 문제의 현장에 있었다거나, '바이든 날리면' 발언을 발견하고 큰 소리로 쾌재를 불렀다거나, 지라시와 캡처 영상을 만들어 뿌렸다거나 하는 전혀 사실이 아닌 얘기를 유포하는 사람들도 있었다. 내가 더불어민주당과 내통했다는 허무맹랑한 말도 돌았다. 모두 사실이 아니지만 안타깝게도 이런 허위 사실과 가짜뉴스를 믿고 있는 사람들이 아직도 많다. 그래서 그날 뉴욕에서 어떤 일이 있었는지를 먼저 설명해야 할 것 같다. 나는 어떻게 '바이든 날리면' 발언의 최초 발견자가 된 것일까.

한국시간 2022년 9월 22일 새벽, 나는 아침 뉴스 첫 번째 꼭지로 뉴욕 타임스퀘어에서 중계를 하기로 돼 있었다. MBC 영상기자 김희건과 함께였다. 아침 6시 뉴스 첫 꼭지로 윤석열 대통령과 기시다 일본 총리의 30분 회담을 주제로 뉴스 중계를 마쳤다. 귀에 꽂은 이어폰에서 서울 뉴스센터의 새로운 주문이 들어왔다.

"이기주 씨! 서울인데요. 이따가 7시에 3부 톱으로 한 번 더 타줄 수 있어요?"

나는 이때부터 꼬박 1시간을 더 뉴욕 타임스퀘어 길 위에서 보내야 했다. 윤 대통령이 바이든 미국 대통령을 만나러 행사장으로 갔다는데 회담 성사 여부는 들려오지 않았다. 밤낮이 따로 없는 출장에 피곤이 몰려왔다. 얼마나 지났을까. 순방 기자단 단체 채팅방에 한미 정상이 만났다는 소식이 올라왔다. 풀러로 현장에 나갔던 TV조선 기자의 전언이었다. 그런데 두 정상이 만난 시간이 고작 2분이란다. 서로 인사하고 통역하고 기념 촬영하면 2분이 다 지날 텐데 20분도 아니고 2분이라니. 고개를 갸우뚱하는 찰나 두 정상의 회담 시간이 2분이 아니라 48초밖에 안 된다는 또 다른 기자의 글도 올라왔다. 48초라니 이건 또 무슨 말인가. 아침 7시 추가 중계를 마친 뒤 나는 곧장 프레스룸으로 복귀했다.

45초? 48초? 영상을 확인해보니 시작점을 어떻게 잡느냐에 따라 약 3초의 시간 차이가 났다. 후하게 48초로 쳐주기로 했다. 나는 노트북으로 48초 회동을 확인하기는 했지만, 영상을 끄지 않았다. 계속 재생되는 화면 속에서 윤 대통령은 단상에서 내려오고 있었다. 국내에서는 대통령이 항상 뻥 뚫린 길을 막힘없이 걸었는데, 인파에 밀려 느릿느릿 걷는 화면 속 대통령의 모습이 낯설었다. 그래서 눈을 떼지 못했던 것일까. 우연히 나의 시야에 들어온 한 장면에서 눈길이 떨어지지 않았다.

주변을 두리번거리던 윤 대통령은 입꼬리를 씰룩거리며 뭔가를 말하고 싶은 눈치였다. 내가 이어폰의 볼륨을 높이던 그때 "국회에서 이 XX들이…"로 시작하는 윤 대통령의 찰지고 걸쭉한 발언이 선명하게 들려왔다. 너무 놀라워 머릿속이 하얘질 정도였다. 도둑질하다 들킨 사람처럼 허리를 숙이고 몰래 주변을 돌아봤지만, 프레스룸의 다른 기자들은 다들 평온했다. 빨라진 심박 탓에 프레스룸에서 몸과 마음이 분주해진 사람은 나뿐인 것 같았다.

윤 대통령의 퇴장과 함께 영상도 끝나 노트북 모니터는 이미 검은 화면으로 바뀌어 있었다. 땀이 흥건한 손바닥으로 마우스를 잡고 영상을 다시 돌렸다. 몇 번을 다시 돌려봐도 신기했다. 혹시나 잘못 들었을까 2배속으로, 4배속으로, 또는 0.5배속으로 들어도 나의 귀에는 의심의 여지가 없었다.

나는 이때까지만 해도 바이든인지 날리면인지는 '이
XX'만큼 중요하게 여기지 않았다. 오히려 윤 대통령이 바이
든 대통령, 그리고 박진 장관과 48초 동안 대화한 직후 '승
인'이라는 단어를 언급한 것이 '바이든 날리면'보다 더욱 의
아했다. 뜬금없이 승인이 왜 등장한 것일까. 혹시 48초 대
화에서 바이든이 승인 문제를 꺼내기라도 했나. 그것을 박
진 장관과 다시 얘기 나눈 것일까 하는 생각이 들 정도였다.

혼자만의 생각으로는 도저히 답이 나오지 않았다. 나는
옆에 있던 타 방송사 기자들에게도 문제의 영상을 보라고
권유했다. 엠바고가 해제된 뒤 나 혼자 비속어 논란 기사를
쓰면 이들이 회사로부터 왜 너는 몰랐느냐는 괜한 질책을
받지 않을까 하는 오지랖도 한몫했다.

"다들 글로벌 펀드 행사 그림 봤어요?"
"아까 봤는데…. 왜요? 뭐 있어요?"

나의 뒷줄에 앉아 있던 YTN 기자가 피곤한 표정으로 유일
하게 반응을 보였다.

"마지막에 대통령 퇴장하는 장면도 보셨어요?"
"퇴장? 뭔데 그래 또…. 불안하게…."

나는 YTN뿐 아니라 바로 옆에 있던 KBS와 SBS 기자들에게도 영상을 확인해볼 것을 권했다.

> "대통령이 나오면서 뭐라고 하는데 앞부분은 '무대에서'라고 하는 것인지 뭔지 잘 안 들리고, 뒷부분은 '이 XX들이 승인 안 해주면 바이든이 쪽팔려서 어떡하나' 이렇게 들리는데 다들 들어봐요. 다 같이 들어봐야 할 거 같아서….".[3]

잠시 후 각자의 노트북에 고개를 파묻고 영상을 확인하던 기자들 틈에서 탄식이 터져나왔다. 그리고 각자가 들은 대로 자유롭게 의견을 쏟아내기 시작했다.

> "대박….."
> "이거 어떡해?"
> "앞부분은 무대에서가 아니라 국회에서라고 하네."
> "그러네. 국회에서 이 XX들이 승인 안 해주면 바이든은 쪽팔려서 어떡하나. 이거네."

나는 함께 출장 온 MBC 반장인 이정은 기자와도 상황을 공

---

3   나를 비난하는 이들은 이 장면 때문에 당시 뉴욕에 있던 기자들이 나에게 '바이든'과 '이 XX'로 세뇌당했다고 주장한다. 나 때문에 다른 기자들도 '바이든'과 '이 XX'로 기사를 쓰게 됐다는 것이다.

유했다. 다만 서울 본사에 바로 알리기보다는 뉴욕에서 상황이 정리된 뒤에 본사에 알리는 것이 좋겠다는 의견을 전했다.

"이거 MBC가 먼저 보도하면 이러쿵저러쿵 말이 많을 테니 회사 보고는 나중에 정리된 뒤에 하는 것이 좋을 것 같습니다."
"그래요. 풀단 영상인데 굳이 욕심낼 필요는 없을 것 같아요."

이정은 기자도 욕심내지 말자며 나의 의견에 동의했다. 분명한 사실은 이때 이정은 기자와 나는 서울 본사는 물론이고 그 어디에도 비속어 논란의 상황을 보고하지 않았다는 것이다. 뉴욕에서 우리는 매우 신중했고 이 사안을 절대 가볍게 대하지 않았다.

방송기자들이 웅성거리자 신문과 통신기자들이 방송기자석으로 찾아왔다. 방송기자석에서 삼삼오오 문제의 장면을 확인한 그들은 방송기자들의 첫 반응처럼 당황스러운 표정을 짓기 시작했다. 대통령실의 김영태 대외협력비서관(구 춘추관장)이 나를 찾아온 것도 그 무렵이었다. 매일경제 기자 출신인 그는 나에게 어떤 영상이냐며 보여달라고 했다. 이미 일부 기자들에게 상황을 듣고 확인차 찾아온 것이었다.

내 옆에 꾸부정하게 선 채로 이어폰을 양쪽 귀에 꽂고 노트북 화면을 유심히 쳐다보던 김영태 비서관은 영상을 한 번 더 보여달라고 했다. 그에게 영상을 두 번 더 반복해 보여줬다. 이어폰을 귀에서 빼던 그는 나에게 영상을 파일로 달라고 요구했다.

"뭐라고 하는지 못 알아듣겠는데 영상 좀 보내줄 수 있어요?"
"그건 안 되고요. 풀단 영상이라 이걸 제가 밖으로 보낼 수는 없어요. 영상기자실에 가서 ENG 카메라로 직접 들어보고 그쪽에 요청하면 어때요?"

나의 말을 들은 김영태 비서관은 영상기자들이 모여 있는 방으로 향했고, 그 자리에서 영상을 거듭 확인한 뒤 영상을 어떻게 해줄 수 없겠느냐고 요구했다가 영상기자단에게 거절당했다.[4] 기자들은 이를 대통령실의 영상 삭제 요구로 받아들였다. 한국시간으로 2022년 9월 22일 아침 7시 30분에서 8시쯤의 일이다.

그런데 아침 8시를 넘기자 윤 대통령이 뉴욕에서 비속

4 《미디어오늘》 2022년 9월 26일, 〈"대통령실 대외협력실이 비속어 발언 어떻게 해줄 수 없나 요청했다"〉, 노지민.

어를 사용해 논란이 커지고 있다는 내용의 지라시 글이 국내에 퍼지기 시작했다. 지라시를 누가 만들어 뿌렸는지 알수 없었다. 반디캠이라는 프로그램으로 캡처한 문제의 영상도 SNS를 통해 빠르게 퍼져나갔다. 영상 캡처도 누가 했는지 알 수 없었다. 마침 한국이 출근 시간이어서 확산 속도는 빨랐다. 엠바고 해제 전에 누가 풀단의 영상을 퍼뜨린 것일까. 당황스러웠지만 일단 김영태 비서관에게 문제적 발언에 대한 대통령실의 입장을 빨리 달라고 채근했다.

"곧 입장이 나올 거예요. 조금만 기다려 주세요."

그는 누군가에게 휴대전화로 연신 메시지를 보내며 조금만 기다려 달라고 했다. 그러나 그 뒤로 더는 입을 열지 않았다. 김 비서관뿐 아니라 당시 뉴욕에 있던 대변인단과 공보 담당자들도 하나같이 문제적 발언에 대해 입을 열지 못했다. 그러는 사이 한국시간 오전 9시 39분에 엠바고가 해제됐고 오전 10시를 넘어 MBC 유튜브를 시작으로 국내 언론들이 일제히 비속어 논란을 보도하기 시작했다.

첫 보도를 MBC가 하게 된 것은 권력과의 최일선 접점에 있던 나에게는 큰 부담일 수밖에 없었다. MBC가 이미 윤석열 정부와 껄끄러운 관계였던 터라 이번 비속어 보도를 빌미로 MBC를 더욱 거세게 비난할 것이 뻔히 예상됐기 때문이다.

하지만 다시 생각해보면 서울에서 SNS를 타고 영상이 널리 퍼진 탓에 비속어 논란은 이미 뜨거운 감자였고 어디서든 보도가 나오는 것은 시간문제였다. 영상이 SNS와 각종 온라인 커뮤니티에 퍼진 상황에서 첫 보도 매체가 어디인지 따지는 것은 무의미한 일이었다. MBC는 퍼스트 펭귄이 된 것일 뿐, MBC가 아니라 누구라도 퍼스트 펭귄은 나타났을 상황이었다. 전 국민을 듣기평가의 늪에 빠뜨린 '바이든 날리면' 사태는 이렇게 시작됐다.

뉴욕발 나비의 날갯짓이 서울에 폭풍을 몰고 온 것은 순식
간이었다. 하필 이날 국회에서는 대정부질문이 예정돼 있었
다. 대정부질문은 윤 대통령의 비속어 논란으로 도배됐고,
이때마다 야당 국회의원들은 MBC의 유튜브 영상을 대정
부질문에 활용했다. 국회 본회의장에 있는 대형 스크린에는
MBC 로고가 크게 박힌 비속어 논란 영상이 벽면 가득 띄
워졌다.

　야당 의원들이 MBC 유튜브 영상으로 한덕수 국무총리
를 몰아치는 장면은 MBC에 대한 권력의 반감을 키운 계기
가 됐다. 종편과 보도 채널도 종일 비속어 논란을 다뤘다.
TV에 나오는 패널들은 진보 보수 가릴 것 없이 윤 대통령
의 비속어 발언을 비판했고 아쉬움을 나타냈다. 발언의 파

장을 키우느냐 축소하느냐 정도의 차이만 있었을 뿐 이때까지만 해도 '바이든'이 아니라 '날리면'이라고 말하는 사람은 없었다. 그러다 비속어 논란 6시간 만에 나온 대통령실 고위 관계자의 영상 진위 발언은 불난 집에 기름을 부었다.

> "어떤 사적 발언을 외교적 성과와 연결하는 것은 대단히 적절치 않다고 생각합니다. (중략) 지나가는 말씀으로 얘기한 것을 누가 어떻게 녹음했는지는 모르지만, 그 진위 여부도 판명해봐야 한다고 생각합니다."

특히 영상기자들이 이 말을 모욕적으로 받아들였다. 그러나 고위 관계자는 입장을 굽히지 않았다. 그의 강경한 태도는 대통령실도 비속어 발언을 부정하지 않는다는 인식을 기자들에게 심어주기에 충분했다.

뉴욕에 있던 기자들은 비속어 논란이 터진 직후부터 대통령실 공식 라인을 통해 윤 대통령의 입장을 줄기차게 요청했다. 그런데 6시간 만에 나타난 고위 관계자는 윤 대통령의 입장을 제대로 확인하지 않고 온 듯 보였다. 그는 "논란이 벌어졌을 당시 대통령 바로 뒤에 있긴 했지만, 현장이 시끄러워 제대로 듣지 못했다"라고 말했다. 제대로 듣지 못했으니 비속어 발언은 전혀 사실이 아니라고 명확하게 부정하지도 못했다. 윤 대통령의 발언은 이러이러한 내용이었고 부적절했다는 브리핑을 기대했던 기자들은 크게 실망했다.

이 고위 관계자의 브리핑이 끝난 뒤 한 기자가 윤 대통령의 발언이 한국 국회를 지칭한 것 아니냐는 의견을 낸 일이 있었다. 윤 대통령 부부와 사적으로 가까운 인연이라고 소문난 기자였는데, 윤 대통령의 "국회에서" 발언을 한국 국회로 해석하려는 시도를 나는 이때 처음 접했다. 김은혜 홍보수석의 발표 8시간 전이었다.

하지만 한국 국회라는 주장은 기자들 사이에서 공감을 얻지 못했다. 또 다른 기자가 백악관 홈페이지에 게시된 바이든 미국 대통령의 연설문을 순방 기자단의 단체 채팅방에 올린 것이다. 연설문에는 명확하게 "감염병 퇴치를 위한 60억 달러 기여를 위해 의회(Congress) 파트너들과 협력하겠다"고 돼 있었다.[5] 백악관 연설문을 동원한 분석은 설득력이 있었다. 특히 윤 대통령의 문제 발언이 바이든의 연설을 들은 직후 나왔다는 점에서 기자들은 "국회에서 이 XX들이…"는 미국 의회를 지칭한 것으로 받아들이는 분위기였다. 단체 채팅방에는 대통령실 참모들도 다수 들어와 있었지만, 백악관 연설문을 토대로 미국 의회를 의미한 것이라

5　〈2022년 9월 21일, Remarks by President Biden at the Global Fund's Seventh Replenishment Conference〉 "So that means we're going to work—(applause)—that means we're going to work with our partners in Congress to contribute another $6 billion to the Global Fund—(applause) …. (중략)"

는 해석에 이견을 제기한 참모는 없었다.

나중에 나온 얘기지만 귀국 후 김대기 대통령실 비서실장은 통상 미국 의회를 '국회'라고 부르지 않으니 윤 대통령의 "국회에서" 발언은 미국 의회가 아니라 한국 국회를 의미한 것이라고 주장하며 대통령 두둔을 시도했다. 그러나나는 이 말에 동의할 수 없었다. 후보 시절부터 마크맨으로 윤 대통령을 줄곧 따라다녔던 나는 윤 대통령이 평소에 국회와 의회를 혼동해 쓰는 것을 익히 들어왔기 때문이다.

> "대통령과 여당의 노력만으로는 불가능합니다. '의회'와 소통하고 야당과 협치하겠습니다…." (2022년 3월 10일, 당선인사 중)

> "어려운 일이 생길 때마다 늘 '의회' 지도자들과 상의하고또 '의회'와 논의하면서 국회에서 하는 일 행정부에서 있는일 따로 있다고 생각 안 하고…." (2022년 3월 10일, 박병석국회의장 예방 중)

김 실장의 주장대로면 윤 대통령은 당선 직후 여의도 국회를 방문해 미국 의회와 협치하고 논의하겠다고 약속한 것이 된다. 김 실장은 이후에도 윤 대통령을 옹호하기 위해 기자들 앞에서 많은 말을 쏟아냈지만, 말의 정교함이나 논리를 찾아볼 수 없었다.

뉴욕에 있던 방송기자들은 저녁 메인뉴스 기사를, 신문기자들은 조간신문 기사를 '이 XX'와 '바이든'으로 작성해 송고했다. 기자들이 각자 들은 대로 기사를 쓴 것이다. '이 XX'와 '바이든'으로 듣지 않은 기자에게 그렇게 쓰도록 강요한다고 해서 '이 XX'와 '바이든'이라는 기사가 나올 리 없었다. 각 방송사의 저녁 메인뉴스가 나간 뒤에도, 또 조간신문이 발행된 뒤에도 대통령실은 '이 XX'와 '바이든' 기사를 문제 삼지 않았다.

그러는 사이 뉴욕은 날이 바뀌었다. 아침부터 대통령실은 긴급 브리핑을 예고했다. 뉴욕을 떠나 캐나다로 이동하기 직전이었다. 기자들 사이에서는 채널A가 조금 전 저녁뉴스에서 '날리면'을 언급했다는 얘기가 돌았다. 난데없이 등장한 단어에 일부 기자들은 황당하다는 반응을 보이기도 했다.

하지만 대통령실까지 '날리면'을 발표하리라고는 예상하지 못했다. 기자들 사이에서는 캐나다로 떠나기 전 공개 사과를 통해 비속어 논란을 털고 갈 것이라는 관측이 더 유력했다. 그러나 채널A 보도 3시간여 만에, 대통령의 발언 약 16시간 만에 브리핑에 나선 김은혜 홍보수석은 "다시 들어보십시오, 바이든이 아니라 날리면으로 돼 있습니다"라는 희대의 짤을 남겼다. 김은혜 수석의 표정은 비장하다 못해

화가 난 듯 보였다. 김 수석은 윤 대통령에게 직접 확인한 것이냐는 박민철 KBS 기자와 나의 거듭된 질문에 "말하신 분께 직접 확인하지 않고는 이 말씀을 자신 있게 드리지 못하죠"라며 '날리면'은 윤석열 대통령의 뜻이라는 사실을 분명히 했다.

이때부터 윤 대통령과 '날리면'은 한 몸이 됐고 수많은 패러디가 양산됐다. 홍보수석은 물론 대통령까지 희화화됐다. 나는 김 수석의 브리핑이 마치 쪽대본으로 급하게 촬영된 드라마의 한 장면 같아 지켜보기 거북했다. 윤 대통령이 단호한 말투와 자신감 넘치는 표정으로 1,300억 원 넘는 거액을 세계 감염병 예방을 위해 내놓겠다고 바이든과 기시다, 마크롱 등 주요국 정상들 앞에서 연설했기 때문에 그 연설 직후 고작 한국의 야당이 승인 안 해줄까 봐, 또는 자신이 경솔하게 내지른 꼴이 될까 봐 참모들 앞에서 걱정한 것이라고는 믿기지 않았다.

윤 대통령은 바이든 대통령과는 달리 연설에서 공여금을 내놓기 위해 한국 국회와 협력하겠다는 말을 하지 않았다. 한국 국회, 특히 야당의 협조가 뉴욕에서까지 걱정될 만큼 중요했다면 야당 대표를 만나도 여러 번 만났을 것이고, 바이든 대통령처럼 말이라도 야당과 협력하겠다고 했을 테지만 윤 대통령은 그러지 않았다. 그러니 한국의 야당을 향한 발언이었다는 김은혜 수석의 '날리면' 발표는 수긍 가는 대목이 하나도 없었다.

　결국 비속어 논란은 대통령실과 내가 멀어지는 결정적인 계기가 됐다. 문제 발언의 최초 발견자로서 국익을 위해 침묵하지 않았던 탓일까. 귀국하고 며칠 지나지 않아 위계에 의한 공무집행 방해와 명예훼손 혐의가 적시된 피의사실 통지서가 날아왔다.

나도 날리면으로 　　　 듣기로 했다

김은혜 홍보수석의 '날리면' 브리핑이 끝난 뒤 대통령실 직원들에게 이것을 어떻게 받아들여야 하느냐고 물었지만, 그들은 나도 모르겠다는 제스처만 취할 뿐 별다른 설명을 하지 않았다. 한숨을 쉬며 난감하다고 하는 직원도 있었고, 이런 대화마저도 누군가의 귀에 들어갈까 봐 겁난다며 쉬쉬하는 직원도 있었다. 비속어 논란이 불거지기 불과 2~3주 전 대통령실이 비서관과 행정관 수십 명에게 해고를 통보했기 때문이다. 기자들과 접촉이 잦은 사람들 위주로 잘렸다는 말도 돌았고 능력이 없는 사람들이 잘린 것이라는 얘기도 들렸다.

　황당한 조치였지만 누구든 눈 밖에 나면 잘릴 수 있다는 공포 분위기를 확산하는 데는 성공적이었다. 그러니 "나도 오늘부터 날리면으로 듣기로 했다"는 어느 직원의 농담은 더 이상 농담이 아니었다. 밖에서 다들 날고 기었다는 대통령실 직원들이 이 정도인데 일반 국민은 오죽했을까. 대통령실의 '날리면' 발표 이후 국민은 제 귀에 아무리 '바이든'으로 들려도 어디 가서 섣불리 '바이든'이라고 말하기 어려웠다. 각자의 정치 성향이 가늠됐기 때문이다. 청력을 여론조사로 결정하는 것이 상식적인 일인가 싶지만, 어찌 됐든 이를 두고 여러 건의 여론조사가 진행됐고 여론은 대략 '바이든'과 '날리면'이 6대 3으로 갈렸다.[6] 윤 대통령에 대한 호불호에 따라 윤 대통령 지지자는 '날리면'으로, 비지지자는 '바이든'으로 입장을 정리한 것으로 보였다. 대통령실의 '날리면' 발표가 국민들을 정치적 성향에 따라 헤쳐 모이게 한 결과를 낳은 것이다.

대통령실은 자신들이 자문받았다는 음성분석 결과를 영업비밀이라는 이유로 공개하지 않았다. '바이든'이 아니라 왜 '날리면'인지, 대통령은 기억에 없다는 '이 XX'를 홍보수

---

6 KBC광주방송·UPI뉴스 의뢰 넥스트위크리서치 여론조사: 바이든 61.2% vs 날리면 26.9% (2022년 9월 26~27일, 전국 만 18세 이상 남녀 1,000명, 표본오차는 95% 신뢰수준에 ±3.1%p) / 뉴스토마토 의뢰 미디어토마토 여론조사: 바이든 58.7% vs 날리면 29.0% (2022년 9월 26~28일, 전국 만 18세 이상 남녀 1,009명, 표본오차는 95% 신뢰수준에 ±3.1%p) / 스트레이트뉴스 의뢰 조원씨앤아이 여론조사: 바이든 55.9% vs 날리면 25.3% (2023년 1월 28~30일, 전국 만 18세 이상 남녀 2,005명. 표본오차는 95% 신뢰수준에 ±2.2%p).
출처: 중앙선거여론조사심의위원회 홈페이지

석은 왜 인정했는지, '승인 안 해주면'이 아니라 왜 '승인 안 해주고'인지 등의 의문점들이 제기됐지만 구체적인 설명은 없었다. 그들은 비속어 보도는 가짜뉴스라는 주장만 반복했고, 보수 유튜버들은 그들의 프로파간다를 확산시키며 여론전에 가세했다.

귀국 후 일주일쯤 지났을까. 나는 대통령실 정문 앞에서 언론을 담당하는 대통령실 핵심 관계자와 마주친 일이 있었다. 그는 나에게 MBC가 먼저 성의 있는 조치에 나서라고 요구했다. 그래야 사태가 풀릴 것이라고 했다. 그가 요구한 조치는 사과방송까지는 아니어도 MBC가 가짜뉴스를 방송했다는 식의 멘트를 뉴스에서 해야 한다는 것이었다. 그는 회사에 들어가서 간부들과 잘 얘기해보라는 충고 아닌 충고도 잊지 않았다. 내가 날리면으로 결론 났다는 음성분석 결과를 공개하면 되지 않느냐고 하자 그것은 안 된다며 거절했다. 그의 거절에 나는 정말 궁금했던 몇 가지를 물었다.

"그런데 ○○○님은 진짜 날리면으로 들려요?"

"나는 날리면으로 들려요."

"정말요? 언제부터요?"

"처음부터 그렇게 들었죠."

"처음부터요? 비속어 논란 터진 직후에 난리 났을 때부터 날리면으로 들렸다고요?"

"아니. 아니. 홍보수석이 브리핑한 뒤부터 날리면으로 들렸죠."

"그럼 그전에는요?"

"그전에는 나도 바이든으로 들었죠."

웃기기도 하고 황당하기도 한 이 장면은 너무 인상적이어서 그의 표정까지 정확하게 기억난다. 그에게 '바이든'인지 '날리면'인지는 더 이상 진실의 영역이 아니었다. 그는 홍보수석의 브리핑을 듣고 자신의 주관적 판단을 바꾼 상태였다. 주관적 판단을 진실로 믿고 권력자가 다른 이에게 강요하면 사회는 위험에 빠진다. 이 핵심 관계자 역시 "나도 오늘부터 날리면으로 듣기로 했다"라며 어쩔 수 없이 주관적 판단을 바꾸기로 한 대통령실 직원들과 다르지 않았다.

'바이든 날리면' 사태 이후 대통령실은 줄곧 사과를 요구해왔다. 진실과 상관없이 일단 사과부터 하라는 압박을 두 달 가까이 받아오면서 나는 윤석열 정부가 복종을 강요하고 있다는 느낌을 지울 수 없었다.

나는 한 달여 뒤 이기정 홍보기획비서관과 공개 설전을 벌였는데, 지금도 그의 "아직도 이해를 못하네. 아직도 그래" 발언은 대단히 부적절했다고 생각한다. 여러 차례 경고했는데 MBC가 아직도 그러고 있다는 권력의 불만이 은연중에 드러난 것이다. 언론을 향한 겁박을 듣고 있을 수만은 없었다. 그는 설전 도중 주변에 있던 기자들에게 찍지 말라는 말도 여러 번 했는데, 그럴 때마다 나는 오히려 다 보도해달라고 기자들에게 요청했다. 권력자들의 편협하고 강압적인 언론관을 숨겨서는 안 된다고 생각했다.

'바이든 날리면' 사태는 나에게 처음으로 기자란 무엇인가, 기자는 어떤 역할을 해야 하는가를 진지하게 고민하게 했다. 다 같이 '바이든'과 '이 XX'를 보도했지만 대통령실의 '날리면' 발표 뒤 태세를 바꿔 MBC가 보도 경위를 밝혀야 한다며 MBC 책임론을 거론하는 유체 이탈 기자들이 대거 등장한 것이 결정적이었다.

윤 대통령의 발언 중 '국회에서' 앞에 MBC만 (미국)이라는 자막을 넣은 것을 두고도 MBC가 이에 대한 설명을 내놔야 한다는 보도도 잇따랐다. 하지만 미국 의회로 해석한 보도는 MBC만 한 것이 아니었다.[7] 정부와 여당은 자막의 유무라는 형식의 문제를 물고 늘어졌지만, 보도의 본질은 대부분의 언론사가 대동소이했다. 2022년 9월 22일, MBC 12시 뉴스에서 (미국) 자막을 넣은 것은 신경민 전 민주당

7　SBS '8시 뉴스' 2022년 9월 22일, 〈윤 "바이든 쪽팔려서 어떡하나"…비속어 발언 파문〉, 김학휘; KBS '9시 뉴스' 2022년 9월 22일, 〈尹 "이 XX들이, 쪽팔려서" 막말 논란…"참사" vs "사적 발언"〉, 송락규; 《서울신문》 2022년 9월 22일, 〈尹 막말 사고 외교, 국격 실추"…野, 순방 논란에 십자포화〉, 이범수; 《세계일보》 2022년 9월 22일, 〈尹 바이든 만난 후 비속어 논란…박홍근 "빈손·비굴·막말사고 외교"〉, 구현모.

의원의 표현대로 당시 이를 보도한 임현주 기자의 과잉친절 그 이상 이하도 아니었다.

귀국 후에도 매일같이 정부와 여당의 "가짜뉴스", "조작 방송" 브리핑을 들어야 하는 건 곤욕이었다. 대통령실의 브리핑은 갈수록 노골적이었다. 그럴 때마다 회사에서는 브리핑 현장에서 일일이 반응하거나 직접 논쟁하지 말라는 연락을 보내왔다. 나는 면전에서 일방적인 비난이 쏟아져도 그저 참아야 했다.

조선일보는 연일 칼럼과 사설을 동원해 윤 대통령의 비속어 논란을 철저하게 방어하며 MBC를 공격했다. 2022년 9월 27일, 조선일보의 김대중 칼럼은 말꼬리 잡기의 진정한 내막은 좌파 언론과 좌파 세력의 윤석열 타도 총공세의 합작품이라며 느닷없이 색깔론을 꺼내 들었다.[8] 조선일보는 다음 날인 9월 28일자 〈MBC가 만들어낸 이상한 나라〉라는 제목의 칼럼에서는 인간의 연약한 인지(認知)로 인해 처음 노출된 정보가 닻(anchor)처럼 머리에 콱 박혀 판단 기준이 되는 기준점 편향까지 작용한다며 국민들의 인지능력을 평가절하하기도 했다.[9]

8 《조선일보》2022년 9월 27일, 〈김대중 칼럼: 윤 대통령, 총선 승리 전까지는 '임시 대통령'이다〉.
9 《조선일보》2022년 9월 28일, 〈데스크에서: MBC가 만들어낸 이상한 나라〉, 신동흔.

조선일보는 칼럼뿐 아니라 일반 기사를 통해서도 윤 대통령 방어에 혼신을 다했다. 2022년 9월 23일 오후 2시 36분 〈바이든? 날리면?…尹 발언, 소리전문가는 어떻게 들었을까〉라는 제목의 기사가 출고됐는데,[10] 이후 3시간여 만에 기사가 급격한 변화를 맞는 웃지 못할 일이 벌어지기도 했다. 당초 이 기사에는 "속기사들, 바이든 아닌 날리면 의견 많아"라는 소제목이 달렸었다. 그러나 이후 "속기사들조차 바이든-날리면 의견 갈려"로 전혀 다른 의미의 소제목으로 바뀌었다.[11] 제목이 바뀐 만큼 기사 내용도 달라져 있었다. 조선일보가 기존 기사를 180도 수정한 내막은 알 수 없지만, 누군가를 무작정 옹호하는 기사를 쓰는 것은 이만큼이나 어려운 일이다.

'바이든 날리면' 사태가 터진 지 석 달 만인 2022년 12월, 외교부가 나서서 MBC를 상대로 정정보도 소송을 냈다. 판사가 진실의 종을 울릴 수 있을지 궁금하긴 하지만 솔직히 나는 소송 결과에 별로 관심이 없다. 국민의 귀를 재판한다는 자체가 있을 수 없는 일이기 때문이다. 판사가 내리는 판결은 나에 대한 수사에도 영향을 미칠 것이다. 그러나 그에

---

10 《조선일보》 2022년 9월 23일, 〈바이든? 날리면?…尹 발언, 소리전문가는 어떻게 들었을까〉, 장상진·문지연.
11 《미디어스》 2022년 9월 23일, 〈조선일보 "'바이든' 아닌 '날리면' 의견 많다"에서 "의견 갈려"로 수정〉, 고성욱.

상관없이 나는 임금님 귀는 당나귀 귀를 계속 외치기로 했다. 진실은 영원하고 권력은 유한하기 때문이다. 어쩌다 보니 나는 벌거벗은 임금님을 지목한 소년에서 갈릴레이로 진화하고 있었다.

가짜뉴스라는   가짜뉴스

'바이든 날리면' 사태가 터진 뒤 대통령과 참모들은 무엇이 어째서 가짜뉴스라는 것인지에 대한 설명 없이 가짜뉴스 타령을 늘어놓았다. 나는 최초 발견자라는 이유로 보수 성향 정치단체와 언론인들에 의해 가짜뉴스 유포자로 지목됐다. 나에 대한 비난의 목소리가 커지면서 막무가내식 허위 주장도 기승을 부렸다. 보수 성향의 소수노조인 MBC 제3노조의 성명으로 만들어진 지라시가 특히 그런 식이었다. 지금도 보수 인사들의 SNS에는 MBC 제3노조의 성명이 그대로 남아 있다. 이들은 가짜뉴스를 사실이라고 믿은 뒤 육두문자까지 써가며 나를 가짜뉴스 유포자라고 비난했다.

일부 인터넷 매체와 종편들도 예외는 아니었다. 이들은 허위 주장을 사실 확인 없이 다뤘고 기사의 형태로 퍼 나르기 바빴다. '바이든 날리면' 사태에서 내가 거론된 기사들 중 나에게 사실 확인을 거쳤거나 나의 반론을 취재한 기사는 단 한 건도 없었다.

조광형 뉴데일리 기자는 2022년 9월 27일 오전 〈MBC 노조 "연보흠 국장이 '논란 자막' 직접 삽입…이기주 기자가 워딩 유포설"〉이라는 기사를 인터넷에 올렸다. 소제목은 "기자 단톡방에 '이기주가 조롱워딩 나온다고 말함' 글 돌아"였다. 기사에는 MBC 내부의 목소리라며 MBC 제3노조의 일방적인 주장만 실려 있었다. 당사자인 나에 대한 취재는 빠뜨린 채 한쪽 주장만 담은 기사였다.

조 기자는 기사를 쓴 지 4시간가량 지난 뒤에야 MBC 제3노조의 주장과 전언이 사실인지 묻고자 한다는 문자를 나에게 보내왔다. 나는 모두 사실이 아니라는 취지의 답장을 보냈고, 조 기자는 "MBC 내부 취재가 어려워 제3노조 성명만 의존했던 점에 대해 송구합니다"라고 나에게 사과했다. 그러고는 기사 제목과 본문에 공개했던 내 이름을 슬그머니 'A기자'라고 바꿔놓았다.

채널A도 같은 날 대통령실 출입 기자가 자사 저녁 뉴스에 직접 출연해 MBC 제3노조 주장을 반복했다.[12] 뉴데일리 기사의 방송 버전과 다름없었다. 송찬욱 채널A 기자는 방

---

12 채널A 2022년 9월 27일, 〈22일 아침 무슨 일이…尹 발언 논란 핵심은?〉, 송찬욱.

송에서 "MBC 대통령실 출입 기자가 '윤 대통령이 바이든 대통령을 조롱하는 듯한 발언이 있다'라는 사실을 떨어진 거리에서도 들리게 알렸다"라고 보도했다. 그런데 송 기자 본인이 직접 들었다는 것인지, 아니면 누구에게 들었다는 것인지, 그런 말을 한 적 없는 나로서는 몹시 당황스러웠다. 송 기자는 용산 대통령실에서 나하고 같은 기자실을 썼는데 단 몇 걸음만 걸어와서 나에게 그런 말을 한 적 있느냐고 물었으면 됐을 일이다. 이것이 기자라면 당연히 해야 하는 당사자 취재인데, 그는 나에 대한 취재를 생략하고 일방적으로 MBC 제3노조의 주장만을 기사 형태로 반복했다. 이들은 대통령이 하지 않은 말을 MBC가 허위 보도했다는 취지로 보도하면서, 정작 내가 하지도 않은 말과 행동을 마치 내가 한 것처럼 오인되도록 기사로 퍼뜨린 것이다.

나는 어쩔 수 없이 뉴데일리와 채널A 보도에 등장하는 조롱 발언을 실제로 내가 했었는지, 당시 뉴욕 프레스룸에 있었던 방송, 신문, 통신기자 총 12명에게 진술서를 부탁해야 했다. 뉴욕 프레스룸에서 나의 자리 주변과 송 기자 자리 주변에 있던 기자 12명을 골고루 선정했다. 미안하고 불편한 부탁이었는데도 그들은 흔쾌히 진술서를 써주었고 직접 서명을 해줬다. 진술서의 주요 내용은 "윤 대통령이 바이든 대통령을 조롱하는 듯한 발언이 있다는 말을 이기주 기자로부터 들은 적 없다"는 것이었다. 가짜뉴스를 '팩트'로 바로잡는 과정은 안타깝게도 가짜뉴스 피해자의 몫이다.

이런 일은 팩트의 개념을 혼동한 데서 초래된 것이다. 예를 들어 "MBC 제3노조의 주장이 팩트인지 아닌지는 모르겠지만, 어찌 됐든 제3노조가 그런 주장을 한 것은 팩트 아니냐"라는 의견이 있을 수 있다. 하지만 어떤 지라시가 떠돌고 있다는 식의 보도는 지라시 내용을 검증 없이 확산시켜 매우 무책임하고 위험한 결과를 유발하게 마련이다. 5·18 북한군 개입설과 천안함 음모론, 세월호 가짜뉴스의 카더라식 보도가 얼마나 많은 피해자를 양산했는지는 굳이 설명하지 않아도 될 것이다.

비속어 논란 두 달 뒤인 2022년 11월 18일, 국회에서 한 토론회가 열렸다. 국민의힘 MBC 편파 조작방송 진상규명 TF가 주최한 '노영방송 MBC 무엇이 문제인가: MBC 편파방송의 원인과 대안'이라는 주제의 세미나였다. 이날 발제에 나선 오정환 MBC 제3노조 비상대책위원장은 음성 파일을 하나 공개하며 윤 대통령의 발언을 오디오 소음을 제거하고 조금 느리게 재생하면 '승인 안 해주고'로 들린다고 주장했다. 국민의힘이 공개 세미나를 개최한다는 소식에 대통령실의 음성분석 결과가 공개되는 것인가 하고 기대했던 나는 실망할 수밖에 없었다. 두 달 전 김은혜 홍보수석이 발표한 '날리면'의 재탕 수준이었기 때문이다.

비속어 논란 이후 이름과 얼굴을 공개하고 음성분석 의

견을 밝힌 전문가는 음성학자인 신지영 고려대 국어국문학과 교수가 사실상 유일했다. 신 교수는 2022년 9월 28일, TBS 라디오 〈김어준의 뉴스공장〉에 출연해 "ㅂ은 무성 양순 폐쇄음이고 ㄴ은 치경, 비음"이라며 "ㅂ은 코로 가는 길을 꽉 막은 상태에서 한꺼번에 폭파시켜서 내는 파열음인 반면, ㄴ은 코로 가는 길을 열고 혓날이 잇몸을 막았다가 떼는 소리"라고 차이점을 설명했다. 그러면서 "윤 대통령이 바이든의 ㅂ을 약간 외국어처럼 말한 느낌이다. 기식성을 줄여 거의 유성음처럼 이야기해 ㅂ을 영어식 발음으로 한 것이다"라며 '날리면'보다 '바이든'에 무게를 뒀다.

그럼에도 여당 내에서는 '날리면'이 아니라 '아 말리믄'이라는 주장까지 나왔다. 심지어 'ㅂ'은 확실히 들리니 '날리면'이 아니라 '발리면'이라는 웃지 못할 주장도 국민의힘에서 제기됐다. '날리면'에 더해 '아 말리믄'과 '발리면'까지 등장하면서 비속어 논란의 본질이 흐려지기 시작했다. MBC를 가짜뉴스라고 몰아세우던 이들은 가짜뉴스를 누가 어떻게 판정할 것인가 하는 핵심적인 논의를 시작하기보다 여론을 물타기하는 데에만 급급했다.

그러다 MBC 너희들   다 죽어

'바이든 날리면' 사태는 예기치 못한 방향으로 전개됐다. 여
당과 대통령실은 가짜뉴스 공세에만 그치지 않았다. 대통령
실은 비속어 논란을 보도한 140여 개 언론사 중 MBC만 콕
집어 6개 항목의 질의를 적은 공문을 보냈다. 보도 경위를
밝히라는 내용이었다.

　MBC도 가만히 있지 않았다. MBC는 2022년 9월 26일
부터 30일까지 5일 동안 〈일부 정치권의 정언유착 주장에
대한 회사 입장〉, 〈자막 조작이라는 국민의힘과 대통령실의
주장에 대한 회사 입장〉 등의 제목으로 7개의 공식 입장을
발표했다. 그리고 대통령실에는 "보도의 구체적 경위에 대
한 대통령실 비서실의 질의에 대해 답변하는 것은 언론사
로서 적절하지 않다는 판단이다"라는 한 줄짜리 반박 공문

을 보내며 대립각을 세웠다.

최고 권력과 MBC 간의 갈등에 기름을 부은 것은 MBC PD수첩의 대역 미고지 방송이었다. PD수첩은 2022년 10월 11일 〈논문 저자 김건희〉라는 제목의 방송에서 김 여사와 비슷한 외모를 가진 여성 재연 배우를 등장시켰는데, 방송 화면에 재연이라는 표기를 하지 않은 일이 발생했다. 여당과 대통령실은 방송심의 규정과 사규 위반이라며 MBC를 강하게 비난했다. 논란이 커지자 MBC는 "정확한 제작 경위를 파악한 후 합당한 추가 조처를 하도록 하겠다. 부적절한 화면 처리로 시청자 여러분께 혼란을 끼쳐드린 점 사과드린다"라고 공식 입장을 냈지만 반발은 잦아들지 않았다.

'바이든 날리면' 사태로 권력과 갈등을 빚는 시점에 현직 대통령의 부인을 굳이 재연 배우로 표현할 필요가 있었을까. 아쉬웠지만 이미 엎질러진 물이었다. 여당인 국민의힘은 '광우병 보도 시즌 2', '조작 전문 방송' 등의 성명을 내며 MBC에 또다시 불을 뿜었다.

'바이든 날리면' 사태를 촉발한 장본인으로 이미 따가운 눈총을 받고 있던 중에 예기치 못한 악재까지 터져 내가 느끼는 심리적 압박은 더욱 커졌다. 대통령실 핵심 관계자와 통화 도중 작은 논쟁이 벌어진 것도 이 무렵이었다. 이 관계자는 나에게 MBC의 태도를 강하게 비난하며 대화 도중 의미심장한 말을 남겼다. "도대체 왜 이러는지 이해가 안 되네. 해도 적당히 해야지. 그러다 MBC 너희들 다 죽어. 착각하지 마. 상대는 대통령이야."

MBC가 다 죽을 것이라니 무시무시한 얘기였다. 대통령실이 MBC에 얼마나 반감이 큰지 짐작 가능했다. 몹시 불쾌했지만 이 말을 정면으로 맞받아치면 논쟁이 커질 것 같아 대응하지 않았다. 사실 대화가 되는 분위기도 아니었다. 대역 미고지로 수세적인 입장이었던 나는 자막 미고지는 고의도 아닌데 다 죽긴 뭘 다 죽느냐고 항변하고 논쟁을 멈추었다. MBC가 얼마나 싫으면 "MBC 다 죽어"라는 말을 MBC 기자에게 서슴지 않고 하는 것일까.

보수 정권이나 보수 정치인 중 MBC의 편향성을 문제 삼는 이들이 주로 거론하는 것이 2008년 PD수첩의 광우병 보도다. 그들은 틈만 나면 당시 PD수첩 보도를 가짜뉴스라고 비난한다. 그런데 비슷한 시기 중앙일보가 사과문까지 지면에 실었던 이른바 '연출 사진' 사건은 다들 모른 척하는 눈치다. 그것 역시 광우병 보도하면 떠오르는 대표적인 흑역사인데 말이다.

광우병 시위가 절정에 달했던 2008년 7월 4일, 중앙일보의 한 경제부 기자가 대학생 인턴 기자를 데리고 서울 양재동의 한 식당에 가서 미국산 소고기를 구워 먹었다. 중앙일보 사진기자는 이 장면을 촬영했다. 그리고 다음 날인 7월 5일, 중앙일보는 이 사진을 마치 일반 시민들이 미국산 소고기를 식당에서 사 먹는 것처럼 연출해 신문에 게재했다. 중앙일보 기자라는 사실을 숨기고 독자들을 완전히 속인 것이다. 완전범죄가 될 수도 있었지만 연출된 사진이라는 사실은 얼마 못 가 들통나고 말았다. 중앙일보는 2008년 7월 8일, 사과문을 통해 "식당을 찾은 일반 손님들에게 촬영을 부탁했으나 거부당해 연출 사진을 게재했다"라고 해명했다. 양재동에 널린 것이 고깃집인데, 사진을 연출할 수밖에 없었다는 해명을 누가 납득할 수 있을까.

그런데 보수 언론이 MBC PD수첩의 광우병 보도를 가짜뉴스라고 비판하는 기사를 쓸 때 혹시라도 기계적 중립을 지킨답시고 중앙일보의 연출 사진 사건도 5대 5 혹은 6대 4 비중으로 함께 거론한다면 그것이 제대로 된 기사일까. 기자들은 그런 식으로 쓰지 않는다. 이치에 맞지 않기 때문이다. 두 사례를 섞어서 보도하지 않는다고 해서 왜 MBC PD수첩만 거론하느냐라거나 중앙일보의 가짜뉴스는 왜 비판하지 않느냐고 따지는 것은 어리석은 행동이다. 그럴 필요도 없고 그렇게 할 이유도 없다. 기계적 중립을 지킬 필요가 없는 기사이기 때문이다.

윤석열 대통령을 비판하는 기사를 쓴 기자에게 문재인 대통령은 왜 비판하지 않느냐고 따지는 것도 그래서 상식적이지 않다. MBC 보도의 편향성을 해결하겠다고 진보와 보수의 주장을 적정한 비율로 섞으라는 것도 해법이 될 수 없다. 양비(兩非)보다 시비(是非)가 더 중요하기 때문이다.

MBC가 진영 논리에서 중립적이었다고 주장할 생각은 없다. 지금은 보수층으로부터 비난을 한 몸에 받고 있지만, 불과 몇 년 전만 해도 보수층의 사랑을 한 몸에 받던 곳이 MBC다. 그래서 혼란을 더는 반복하지 않기 위해서라도 방송 장악의 도구인 낙하산 사장을 내려보내지 못하도록 지배구조를 법제화할 필요가 있다.

10년 넘게 직접 겪어보니 공영방송의 지배구조를 해결하지 않고는 MBC의 편향성 논란을 근절하기 어려워 보인다. 지난 2010년 이후 MBC 뉴스의 가치와 풍토가 정권 교체기인 5년을 주기로 갑작스럽게 바뀌고, 내부적으로 식민지 지배 수준의 큰 갈등을 겪는다는 것은 주지의 사실이다.

5년마다 바뀌는 MBC의 경영진은 늘 당대 집권 세력과 가깝다는 지적을 받아왔다. 그리고 그 경영진의 주변에는 직원들을 내 편 네 편으로 갈라 편파 보도에 앞장서는 기자들이 있었다. 희생당한 기자와 자리를 지킨 기자가 서로를 편파적이라고 비난하는 갈등이 반복됐다. 그들을 부추기는 정치 세력과 학자들은 MBC 뉴스를 마치 자신들의 전리품처럼 여겼다.

지배구조 문제와 편향성 논란은 따로 떼 논의할 수 없다. 나는 공영방송이 제 역할을 잘 못했다는 김재철 전 MBC 사장에게 공영방송이 아니라 공영방송 사장이 역할을 못한 것 아니냐고 되물은 적 있다. 편향성 논란을 해소할 수 있는 충분한 권한과 힘이 있는 사람들의 직무 유기에 대한 지적이었다. 이 지적은 지금도 유효하다고 생각한다.

공영방송을 전리품처럼 여겼던 이들이 지배구조 개편을 제쳐두고 이제 와 편향성부터 고치라고 지적하는 것은 강 건너 구경꾼의 엉성한 비판에 지나지 않는다. "MBC 너희들 다 죽어"라는 으름장은 그래서 공허하다. '바이든 날리면' 사태가 벌어진 뒤 대통령실의 한 관계자는 이렇게 말했다. "세 번 비판하면 한 번은 좋은 기사를 써줘야지. 그러니까 이기주 전화는 받아주지도 말라는 얘기가 나오는 거야. 다른 애들 하는 것처럼 해."

다른 애들 하는 것처럼이라는 말이 그날 종일 머릿속을 떠나지 않았다. 다른 애들은 어떻게 한다는 것일까. 다른 애들처럼 하면 MBC는 죽음을 면할 수 있을까.

탑승 배제와   통 큰 결단

'바이든 날리면' 사태와 대역 미고지를 둘러싸고 갈등이 지
속되다 결국 일이 터졌다. 윤 대통령의 동남아 순방을 이틀
앞두고 있던 2022년 11월 9일이었다. 저녁 9시경 김영태 대
통령실 대외협력비서관이 MBC 기자들에게 1호기, 즉 대통
령 전용기 탑승 불허 방침을 문자로 통보해온 것이다. 대통
령실은 탑승 불허 이유로 외교 관련 왜곡 보도와 우방국과
의 갈등 조장 시도, 대역 미고지 등을 거론했다. '바이든 날
리면' 사태와 PD수첩 자막 논란에 대한 사실상의 보복 조치
였다.

　전용기가 택시라면 민항기는 노선버스다. 동남아의 폭
염 속에서 비행시간에 맞춰 출입국 수속을 밟고 방송 장비
를 짐으로 부치고 비행기를 환승해가며 대통령 전용기를

따라다닌다는 것은 처음부터 말이 안 되는 일이었다. 대통령실이 그 불편을 MBC 기자들만 겪도록 한 것은 엄연한 차별이었다.

회사와 언론 단체들은 잇따라 입장문을 내고 대통령실을 비난했다. 그런데 이미 비상식적인 상황을 여러 번 겪어서 그런지 나는 일방적인 탑승 불허 통보에도 언론 자유나 언론 탄압 같은 거창한 분노는 올라오지 않았다. 비행기에 MBC 기자를 태우지 않기 위해 권력을 휘두르는 사람들에게 제발 태워달라고 애원할 이유가 없었다. 유치하고 비상식적인 조치에 일일이 분노하기보다 여건이 되는 대로 가능한 일정만 취재하고, 취재 제한에 따른 법적 대응은 별도로 논의하는 것이 좋겠다고 생각했다. 다만 이번 동남아 순방의 출장 순서를 후배인 신수아 기자에게 미리 양보했던 터라 출장길에 불편을 겪어야 할 신 기자에게 미안함이 컸다.

탑승 거부 다음 날 윤 대통령은 도어스테핑에서 기자들의 전용기 탑승은 외교 안보 이슈에 관해 취재 편의를 제공해온 것이라며 탑승 배제 결정이 불가피했다는 취지로 말했다. 하지만 그 자리에 있던 기자들은 전용기 탑승이 왜 취재 편의 제공에 불과한 것인지를 묻지 않았다. 전용기가 대통령 사유재산도 아니고, 기자들이 공짜로 타는 것도 아닌데 취재 편의 운운하는 대통령의 주장을 나는 납득하기 어려웠다. 반박성 질문을 직접 하고 싶었지만, 당사자인 MBC

기자여서 이번에도 아무렇지 않은 듯 듣고 있어야 했다. 도어스테핑 장소에 있던 다른 기자들이 나의 눈치를 살폈지만 나는 아무 말도 하지 않았다.

도어스테핑이 끝난 뒤인 오전 10시 대통령실을 출입하는 취재기자단의 반장 격 기자들이 총회를 열었다. MBC 탑승 배제에 대한 기자단 차원의 공동 대응을 논의하기 위해서였다. 이 자리에서 불참자 4명을 제외한 39명이 공동 대응에 찬성표를 던졌다. 6개 언론사가 반대하기는 했지만, 다수결로 공동 대응에 의견이 모인 것은 의미가 있었다.

이제 어떤 식으로 공동 대응할지 논의할 차례였다. 그러나 논의는 단체 행동까지 나아가지 못하고 겉돌았다. 총회에서 일부 기자들이 대통령실의 취소나 사과가 없으면 전용기 탑승을 보이콧하자는 주장을 하기도 했지만 호응은 없었다.

결국 취재기자단은 유명무실한 비판 성명을 내는 것으로 공동 대응을 갈음했다. 대통령실 영상기자단도 당초 MBC 탑승 배제에 항의하는 차원에서 윤 대통령의 출국길 전용기 탑승 장면을 촬영하지 않기로 결의했다. 가장 약한 수준의 보이콧이었는데도 이후 각 방송사의 입장이 엇갈리면서 이마저도 번복돼 없던 일이 됐다. 기자단의 보이콧 논의가 무위로 돌아가자 국민의힘 일부 정치인들은 이를 MBC 탑승 배제의 정당화 논리로 삼기도 했다. 대통령실 기자단마저

MBC 탑승 배제에 수긍했다는 왜곡된 주장이었다.

기자단 차원의 보이콧이 무산되면서 비판 성명에 이름을 올렸던 기자들도 MBC 기자들을 뒤로하고 전용기에 탑승했다. 전용기 탑승을 자발적으로 거부한 언론사는 경향신문과 한겨레신문 두 곳뿐이었다. 전용기에 타지 못한 MBC와 경향, 한겨레 기자들은 아시아나항공과 타이항공, 말레이시아항공 등을 갈아타며 캄보디아와 발리로 가야 했고, 육로 이동은 현지 택시를 그때그때 불러서 이용할 수밖에 없었다. 이 과정에서 비행시간이 맞지 않아 발리에는 전용기보다 하루 늦은 11월 14일 저녁에 도착했는데, 이들이 발리 공항에 내렸을 때는 같은 날 진행된 G20 정상회의 경제 일정이 모두 끝난 뒤였다. 열심히 따라갔지만 결국 우려한 대로 취재 제한을 피하지 못한 것이다.

대통령실 직원들은 이날 취재 제한을 예상한 듯 발리에서 G20 정상회의 경제 일정이 끝날 때마다 관련 자료를 서울에 있던 나에게 수시로 보냈다. MBC가 취재 제한에 따른 헌법소원을 내기로 하자 취재에 공백이 없었다는 알리바이를 만들려는 조치로 보였다. 자료를 보낸 뒤에는 나에게 자료를 확인했는지도 일일이 물어왔다. 평소 안 하던 그들의 과한 배려에 또 한 번 헛웃음이 나왔다.

MBC와 경향, 한겨레 기자들이 없는 전용기 안에서 윤 대통령은 평소 사적 친분이 깊은 채널A와 CBS 기자 두 명만 따로 불러 시간을 보냈다. 이 사실이 알려지면서 전용기 탑승 기자들 사이에서도 차별 논란이 일었다. 두 명만 대통령 전용 공간으로 불려갔다가 1시간 뒤 좌석으로 돌아오는 장면을 목격한 전용기 탑승 기자들이 불만과 부러움을 섞어 입방아를 찧기 시작한 것이다. 결국 이 사건은 몇몇 매체를 통해 기사화됐고, 윤 대통령의 전용기 사적 이용 논란이 제기됐다. 전용기에 MBC를 안 태울 때는 헌법수호 책임까지 들먹일 정도로 비장했던 대통령 본인이 정작 전용기 공간을 사적인 일에 이용한 것이다.

나는 윤 대통령이 귀국하는 대로 도어스테핑에서 이 사안을 꼭 물어야겠다고 생각했다. 그리고 2022년 11월 18일, 윤 대통령의 귀국 후 첫 도어스테핑에서 실제로 대통령에게 전용기 사적 이용 논란을 질문했고, 그 질문은 반말 훈계에 나선 비서관과 충돌하는 계기가 됐다.

헌법수호 차원에서 영원할 것 같았던 MBC에 대한 전용기 탑승 배제 조치는 채 두 달을 가지 못했다. 2023년 1월, 중동·스위스 순방을 이틀 앞두고 윤 대통령이 MBC 기자들에 대한 전용기 탑승을 재허용한 것이다. MBC가 제기한 헌법소원 때문이라는 해석이 나왔지만, 대통령실은 이를 윤 대통령의 통 큰 결단이라고 미화했다. 차별적 행위에 대한 사과는 없었다. 헌법수호 조치를 왜 번복했는지에 대한 추가 설명도 없었다.

뭐가   악의적이에요?

도어스테핑 제도는 파격적이었다. 2022년 대선이 끝난 뒤 내가 대통령실 출입 기자로 결정되자 기존에 청와대를 출입해본 기자들은 "청와대 가봐야 대통령 얼굴은 신년 기자회견 때 말고는 보기 힘들다"고 했었다. 그런데 대통령의 출근 첫날부터 도어스테핑이 시작되면서 윤 대통령이 용산으로 출근하는 날에는 항상 기자들이 대통령의 얼굴을 볼 수 있었고, 국민은 대통령의 생각을 수시로 듣게 됐다.

　대통령실 직원들은 도어스테핑 후보지를 여러 곳 놓고 고심했다. 윤 대통령의 차량이 멈추는 대통령실 건물의 정문 바깥이 후보지 중 하나로 거론됐다. 미국 대통령처럼 야외에서 하자는 계획이었다. 그러나 결국 채택되지 않았다. 대통령 집무실로 올라가는 1층 계단 앞 로비도 후보지로 물색됐다. 하지만 그럴 경우 대통령의 동선이 길어지고 대통령이 매일 계단으로 걸어 올라갈 수는 없다는 등의 의견이 나오면서, 최종적으로 기자실 옆 1층 복도가 도어스테핑 장소로 낙점됐다. 기자실 옆 1층 복도는 대통령이 차에서 내린 뒤 탑승할 엘리베이터와 닿아 있고, 기자실과도 가까웠다. 결국 기자들이 사용하는 남자 화장실과 여자 화장실 사이에서 도어스테핑이 시작됐다. 대통령이나 기자들 모두 접근성이 좋았다.

도어스테핑의 초기 분위기는 매우 자유로웠다. 기자들은 질문자 지정 없이 편하게 질문을 던졌고, 윤 대통령이나 참모들도 인자한 웃음을 띠며 여유로운 모습을 보였다. 그런데 얼마 지나지 않아 기자들의 날 선 질문이 등장하고 대통령의 여러 답변이 논란이 되자 참모들은 기자들에게 슬슬 불만을 드러내기 시작했다. 정책 질문 위주로 해달라거나 여사에 대한 질문은 삼가달라는 등의 압박이 들어왔다. 또 기자들에게 사전에 질문자를 정해달라거나 사회자가 질문자를 지목하겠다는 등의 변화를 시도하려다 기자들의 반대로 무산되기도 했다.

대통령실 직원들은 매일 새벽 기자들에게 전화를 돌려 오늘 도어스테핑에서 어떤 질문을 할 것인지를 물어보고 사전에 취합하느라 진땀을 흘렸다. 질문을 미리 파악해 대통령의 말실수를 줄이려는 의도였다. 도어스테핑 취지에는 맞지 않았다. 그러나 사전 질문 취합에도 불구하고 대통령의 도어스테핑 발언을 둘러싼 논란이 끊이지 않자 결국 2022년 8월, 윤 대통령의 여름휴가 이후부터는 기자 질문에 앞서 대통령이 먼저 발언하는 방식으로 변경됐다. 시간상 기자의 질문 개수는 급감할 수밖에 없었다.

도어스테핑에 대통령의 모두발언이 생기기 전까지 첫 번째 질문은 임유진 뉴스토마토 기자가 거의 매일 도맡아 했다. 임 기자는 도어스테핑 시간보다 30분 이른 아침 8시 30분 무렵이면 도어스테핑 장소 맨 앞줄에 서서 대통령의 출근을 기다렸다. 임 기자는 윤 대통령이 불편하게 느낄 만한 지지율 하락이나 이준석 대표와의 갈등 같은 질문들을 주로 쏟아냈는데, 그럴 때마다 대통령의 심기가 아침부터 나빠지지 않을까 참모들은 전전긍긍했다. 어느 날은 임 기자가 첫 질문을 시작하려 하자 윤 대통령이 왜 맨날 하는 사람만 하느냐며 질문자를 패싱한 적도 있었다. 그러니 임 기자의 질문을 차단하기 위해 도어스테핑에 모두발언을 도입한 것 아니냐는 웃지 못할 얘기까지 들렸다.

나는 도어스테핑에서 매번 질문을 하지는 않았지만, 꼭 해야 할 것이 있으면 한 번도 빠지지 않고 질문을 던졌다. 그중 기억에 남는 장면이 2022년 6월 17일 금요일의 도어스테핑이다. 이날 나는 윤 대통령에게 임기가 1년도 더 남아 있던 한상혁 방송통신위원장, 전현희 국민권익위원장의 국무회의 불출석에 대한 질문을 던졌다. 늘 그렇듯 질문은 대통령님이라는 존칭으로 시작했고, 추가 질문도 함께였다.

"대통령님. 한상혁, 전현희 위원장 두 분은 함께하기 어렵다고 생각하시는지요?"

"글쎄 저는 그 국무회의에 필수 요원 그 저기 국무위원도 아닌 사람들이 그렇게 와서 앉아 있으면 다른 국무위원들이 또 저 그 마음에 있는 얘기들을 툭 터놓고 비공개 논의도 많이 하는데 그래서 굳이 올 필요 없는 사람까지 다 배석시켜서 국무회의를 할 필요가 있나 하는 생각은 있습니다."

대통령의 대답만으로는 두 사람이 국무회의에만 오지 않으면 된다는 것인지, 사표를 내라는 뜻인지 의중을 헤아리기 어려웠다. 좀 더 명확한 답을 듣고 싶어 추가 질문을 이어갔다.

"그러면 물러나 줬으면 좋겠다 하는 생각이신가요?"

"자 또…."

"…."

"임기가 있으니까 자기가 알아서 판단할 문제 아니겠습니까."

윤 대통령은 물러나라는 것이냐는 나의 직설적인 추가 질문에 당황한 듯 보였다. 카메라가 돌아가는 상황에서 너무 단도직입적인 질문을 받아서였는지 말조심하려는 티가 역력했다. 한동안 답변을 회피한 채 주변을 두리번거리며 다른 질문을 유도하던 윤 대통령은 돌연 임기가 있으니까 알아서 판단할 문제 아니겠냐고 언성을 높였다. 언론들은 윤 대통령의 추가 답변을 강제 해임이 쉽지 않으니 한 위원장과 전 위원장이 알아서 사표를 내라는 뜻으로 해석했다.

2022년 11월 18일 금요일의 도어스테핑 상황도 마찬가지였다. 윤 대통령은 전용기에서 채널A와 CBS 기자 두 명하고만 따로 시간을 보낸 것을 개인적인 일이었다고 대답했다. 나는 공적인 공간이지 않냐는 추가 질문을 던졌다. 그날도 윤 대통령은 한상혁, 전현희 위원장에 대한 질문을 받았을 때처럼 주변을 둘러보며 기자들에게 "또 없으십니까?"라고 다른 질문을 유도했다. 답변 거부도 답변의 일종이다. "또 없으십니까?"라는 윤 대통령의 반응은 나의 질문에 대한 그의 불편한 심기가 담긴 의미 있는 메시지였다.

다음 질문에서 윤 대통령은 1분 36초 동안 가짜뉴스, 이간질, 악의적, 헌법수호, 증거 조작 등 거칠고 과격한 표현을 쓰며 MBC를 노골적으로 비난했다. 듣는 내내 가슴이 서늘했다. 대통령의 발언은 바로 앞에서 듣고 있던 나에게만 해당된 것이 아니었다. MBC 구성원 전체에 대한 모욕이었다. 듣고 있는 1분 36초 동안 여러 생각이 오고 갔다. 한편으로는 차라리 잘 됐다는 생각도 들었다. '바이든 날리면' 사태 이후 두 달 동안 대통령실 참모들과 여당 국회의원들이 변죽만 울리던 것과 달리 윤 대통령의 본심이 드디어 드러났기 때문이다. 이로써 MBC 기자들의 전용기 탑승 배제 결정을 누가 했는지도 명확해졌다.

나는 윤 대통령의 발언이 끝난 뒤 MBC가 뭐를 악의적으로 했다는 것이냐고 되물었다.

"MBC가 뭐를 악의적으로 했다는 거죠? 뭐가 악의적이에요?"

하지만 윤 대통령은 내가 질문을 시작할 때 걸음을 옮겼고 추가 질문에도 몸을 돌리지 않았다. 대통령과의 직접적인 공방은 이뤄지지 않았다. 대통령의 뒤에 대고 다소 톤이 높은 목소리로 질문을 던졌으니 현장에 있던 기자들과 대통령실 참모들의 시선은 자연스레 내 쪽으로 이동했다. 사실 그들의 시선은 윤 대통령이 MBC를 비난할 때부터 이미 나를 향하고 있었다. 대통령의 발언을 듣는 내내 무표정을 유지하려고 노력했지만 불편함을 숨기기가 쉽지 않았다. 마지막 질문 이후 대통령실 참모들의 곱지 않은 시선이 느껴졌지만, 그동안 대통령실을 취재하며 줄곧 불편한 관계로 소위 찍힐 대로 찍힌 상태였기 때문에 나는 한 번 더 눈 밖에 나는 것을 대수롭지 않게 여겼다.

　윤 대통령이 안으로 들어가자 기자들도 하나둘씩 기자실로 걸음을 옮겼다. 그때 바로 옆에서 한 남자의 고성이 들렸다. 언제 내 옆으로 왔는지 이기정 홍보기획비서관이 누르락붉으락한 표정으로 나를 향해 소리치고 있었다.

"뒤에다 대고 그러면 안 되지."
"뭘 그렇게 하면 안 돼요?"
"그건 대통령에 대한 예의가 아니지."
"기자가 질문도 못 해요?"

그는 대뜸 반말로 언성을 높였고, 앞선 도어스테핑 여파로 내 목소리도 같이 커졌다. 이 비서관은 윤석열 정권 출범 석 달 후인 2022년 8월 대통령실에 들어왔다. 11월 18일이 될 때까지 나하고 커피 한 잔도 마셔본 적 없는 사이였다. 아무리 기자 선배라고 해도 잘 알지도 못하는 나에게 반말로 소리치는 행위를 그냥 넘어가기는 어려웠다. 게다가 기자에게 질문을 하지 말라는 것이 기자 출신이 할 말인가. '바이든 날리면' 사태 때부터 참고 있었던 분노가 한번에 올라왔다. 항의하는 과정에서 설전이 2분가량 이어졌다. 설전을 벌이면서도 나는 신경을 곤두세워 꼬박꼬박 '비서관님'이라는 호칭을 붙였고, 존댓말 쓰는 것도 잊지 않았다.

"뭐가 악의적이에요? 예?"

"아직도 이해를 못하네. 아직도 그래."

"말조심하세요."

"말조심하세요가 아니라 보도를 잘하세요, 정말."

"그건 대통령님이 말씀하신 거잖아요. 저희가 지어낸 거예요?"

"아니 끝나고 가셨잖아요. 예의가 없어요, 그렇게."

"영상이 있는데 왜 그걸 부정해요. 뭐가 악의적이에요? 공개 석상에서 뭐가 악의적이라는 거냐고요. 저희가 뭘 조작했다는 거예요?"

"몰라요?"

"증거를 대봐요, 그러면. 분석한 거 있다면서요. 증거를 내놓으라고요. 내놓지도 못하면서."

"야, 아직도 이렇게 듣네."

나는 무엇이 가짜뉴스이고 조작이라는 것인지 근거를 제시하라고 주장했으나, 이기정 비서관은 보도를 잘하라는 말을 반복했다. 권력자가 말하는 '잘하는 보도'란 무엇을 뜻하는 것일까. 그의 말은 불명확했다.

도어스테핑이 진행된 6개월 동안 윤 대통령이 안으로 들어갈 때 질문이 나오는 경우는 자주 있었다. 그럴 때마다 대통령의 반응은 선택적이었다. 답변하지 않은 때도 있었고, 안으로 들어갔다가 다시 나와 답변한 적도 있었다. 심지어는 들어가다 말고 해당 기자에게 질문을 다시 해달라고 요구한 적도 있었다. 대통령이 들어갈 때 질문했다는 이유로 대통령실 참모가 기자에게 언성을 높인 적은 한 번도 없었다. 충돌이 발생한 날은 윤 대통령이 그냥 들어갔기 때문에 답변을 거부한 것으로 해석하면 그만이었다.

그런데 이기정 비서관이 왜, 유독, 그날만, 특이 반응을 보인 것인지 정확한 이유는 알 수 없다. 다만 뭘 악의적으로 했다는 거냐는 나의 마지막 질문에 동아일보 기자 출신인 이재명 부대변인이 MBC의 과거 기사들을 모아 10가지가 악의적이라는 답을 내놓은 것을 보면 그 배경에 MBC와의 불편한 관계가 있었을 것이라는 짐작은 가능했다.

이후 대통령실은 발 빠르게 움직였다. 주말 사이 출입 기자 간사단을 통해 나를 용산에서 퇴출하려 했지만 불발됐다. 그리고 대통령실은 도어스테핑 무기한 중단을 발표하고 도어스테핑 장소에 거대한 벽을 설치해 기자들과의 교류를 차단했다. 통로를 빈틈없이 막아 햇빛을 차단한 벽의 존재에 기자들이 받은 충격은 컸다.

도어스테핑이 없어지면서 매일 대통령 관련 새로운 기사를 발굴해야 하는 기자들의 수고가 추가됐다. 불만이 커질 수밖에 없었다. 한국기자협회는 "도어스테핑 중단을 교묘하게 MBC의 잘못으로 돌려 출입 기자들 사이를 이간질

하고 갈등을 유발하려는 시도를 당장 중단하라"고 대통령실을 비판했다.

하지만 대통령실은 나의 퇴출을 재차 요구했다. 대통령실 관계자는 브리핑에서 "고성을 지르는 등 불미스러운 일로 도어스테핑의 본래 취지를 살리기 어려워졌다는 판단이 들었다"며 "근본적인 재발 방지 대책을 마련하고 더 나은 방식으로 발전시킬 수 있다는 확신이 서면 그때 재개를 검토하겠다"고 도어스테핑 중단을 나의 책임으로 돌렸다.

대통령실이 언급한 고성과 난동, 불미스러운 일을 기자들은 내가 비서관과 벌인 설전으로 받아들였고, 근본적인 재발 방지 대책은 나를 대통령실 기자단에서 퇴출하는 것으로 해석했다. 이와 관련해 윤 대통령은 2023년 1월 2일자 조선일보에 실린 신년 인터뷰에서 "도어스테핑이라는 것이 대통령과 젊은 기자들이 힘을 합쳐서 대국민 소통을 잘해보자는 거였는데 협조 체제가 잘 안 돼서 많이 아쉽다"라고 말했다.[13] 윤 대통령이 말한 협조 체제가 무엇을 뜻하는 것인지 조선일보의 추가 질문은 없었다.

강행하려던 징계 시도가 무산됐기 때문일까. 대통령실은 여론전으로 방향을 돌린 듯했다. 대통령실 관계자들은 간사단이 징계에 나서지 않은 것이 서운하다는 불만을 공

---

13 《조선일보》 2023년 1월 2일, 〈대통령다움이 어떤 건지 고민…지역 따라 중대선거구제 검토 필요〉, 최경운·김동하.

공연히 드러냈고, 익명의 관계자들이 토로한 이런 불만들은 고스란히 기사화됐다. 동료 기자들은 대통령실 관계자들이 기자들과의 밥자리, 술자리가 있을 때마다 나에 대해 노골적인 비난을 퍼부었다고 전했다. 입에 담지 못할 욕설을 뱉는 등 분노가 워낙 커 마땅한 반론을 펴지 못했다고 사과해 온 기자도 있었다.

소위 '분탕질' 문자가 대통령실의 일부 출입 기자들에게 발송된 것도 이즈음이다. 도어스테핑 충돌에 대한 언론 보도가 마음에 들지 않았는지 대통령실 핵심 관계자가 기자들에게 기사의 방향을 정해주는 문자를 보낸 것이다.[14] 이기정 비서관의 반말로 시작된 공개 설전은 어떻게든 의미를 축소하고, 윤 대통령과 나의 충돌로 상황을 키워보려는 의도가 엿보였다.

> 언론에서 자꾸 비서관과 기자의 설전을 불미스럽다고 기사를 쓰는데, 포인트를 잘못 잡고 있어요. 불미스러운 일은 작은 설전이 아니고, 답변을 마치고 퇴장하는 대통령에 대해 뒤에다 대고 슬리퍼를 신은 기자가 고함을 치듯 분탕질을 시도한 MBC 기자의 태도가 문제인 겁니다. 그것이 불미스러운 일이고, 그런 기자를 나무라면서 설전이 붙은 건

---

14 YTN 2022년 11월 21일, 〈"尹, 출근길 약식회견 잠정 중단"…MBC 기자 징계도 검토〉, 조은지.

차순위입니다. (중략) 선의로 도어스테핑에 임하는 대통령에 대한 불량 기자의 정면 도전을 불미스럽다고 하는 게 맞습니다.

대통령실 관계자들의 과민함은 부자연스러울 정도였다. 마치 몹시 흥분한 자신들의 상태를 나에게 어떻게든 알리려는 것처럼 보였다.

대통령실의 이런 반응은 2019년 문재인 대통령과 대담을 나눈 KBS 기자에게 이른바 문파 지지자들이 비난을 쏟아냈을 때 청와대가 보인 반응과는 사뭇 달랐다. 당시 독재자라는 표현까지 써가며 질문을 한 KBS 기자에게 문 대통령은 더 공격적인 공방이 오갔어도 괜찮았겠다며 대수롭지 않다는 반응을 보였다.[15] 문 대통령이 불쾌해하는 기색을 보이지 않았다는 청와대 핵심 관계자의 발언이 추가로 나온 이후부터는 대담 논란이 조금씩 가라앉기 시작했다.

이런 전례를 생각하면 대통령실이 나에게 보인 반응은 더욱 아쉽다. 더 공격적인 공방이 오갔어도 괜찮았겠다는 반응이 용산 대통령실에서 나왔다면 어땠을까. 나의 마지막 질문에 대통령이 답변을 했으면 어땠을까. 대통령이 불쾌한 기색을 보이지 않았다는 관계자의 발언이 나왔다면 어땠을

---

15 《연합뉴스》 2019년 5월 10일, 〈文대통령 "대담에서 더 공격적 공방 오갔어도 괜찮았겠다" 언급〉, 임형섭.

까. 그랬다면 상황이 매끄럽게 정리됐을 것이고, 도어스테 핑도 계속되지 않았을까 하는 아쉬움이 남는다.

어찌 됐든 나로 인해 도어스테핑이 중단된 것은 유감이었다. 다른 기자들에게 본의 아니게 피해를 끼쳐 지금까지도 마음이 불편하다. 대통령실 출입 기자 간사단이 입장문에서 이번 사안과 무관한 다수 언론이 취재를 제한받는 상황이 생기지 않기를 바란다고 한 것도 도어스테핑 중단을 우려한 것인데 결국 우려는 현실이 되고 말았다.

이후 윤 대통령은 도어스테핑 대신 국무회의나 대통령실 내부 회의를 TV로 생중계하는 방식의 일방적인 소통을 택했다. 대통령실의 요청을 받은 방송사들은 울며 겨자 먹기로 기존 편성을 변경해 윤 대통령의 연설을 생중계해야 했다. 이명박 전 대통령이 했던 라디오 주례 연설의 업그레이드 버전이었다.

윤석열 대통령의 도어스테핑은 나를 빌미 삼아 6개월 만에 역사 속으로 사라졌다. 도어스테핑이 없어지면서 대통령실 직원들이 새벽부터 기자들에게 사전 질문을 취합하던 관행도 덩달아 끝났다. 도어스테핑 중단으로 대통령을 향한 기자들의 날카로운 질문 기회가 없어진 것은 아쉽지만, 낯 뜨거운 아부성 질문을 더는 듣지 않아도 된 것은 그나마 다행이다.

슬리퍼는   죄가 없다

도어스테핑 충돌이 벌어졌을 때 이슈가 된 것 중 하나가 내가 슬리퍼를 신었다는 사실이다. 돌이켜보면 슬리퍼 대신 좀 더 단정한 신발을 신었다면 좋았을 것이라는 생각을 한다. 하지만 나는 도어스테핑이 열리는 복도에서 슬리퍼를 신었던 것 자체를 잘못이라고 생각하지 않는다. 도어스테핑 장소가 별도의 격식을 갖춘 공식 기자회견장이 아니었고, 나의 근무지 안이었기 때문이다. 당시 나는 실내 근무지에서 일하던 꾸밈없는 모습 그대로였다. 그럼에도 보수 언론과 국민의힘 정치인들이 대거 목소리를 높이면서, 슬리퍼 착용은 마치 최고 권력에 대한 엄숙주의를 크게 위반한 엄청난 일인 것처럼 대서특필됐다.

대통령실 출입 기자들이 슬리퍼를 신고 생활하는 것은

일상화된 지 오래다. 정치부 기자들이 늘 그렇듯 대통령실 기자들도 출근 시간이 이르고, 특히 아침은 가장 바쁘다. 도어스테핑 시간인 아침 9시는 업무를 시작한 지 이미 1시간가량이 지난 후다. 출근 직후부터 그때까지 조간신문 기사를 확인해 아침 회의 전에 취재를 마쳐야 하고, 시사 라디오 프로그램의 주요 내용도 제시간에 확인해야 한다. 이를 종합해 데스크에 보고할 사안을 정리할 때쯤 대통령이 출근한다. 그렇다 보니 자신의 차림이 어떤 상태인지 신경 쓰지 않은 채 잠시 기자실 복도에 나가 1~2분 남짓 진행되는 도어스테핑을 보고 오는 것이 일상이었다.

아침마다 대통령실 직원이 기자실에 들어와 "대통령께서 곧 도착하십니다"라고 알려주면 볼펜과 휴대전화만 들고 우르르 복도로 나갔다가 앞사람 어깨 너머로 도어스테핑을 본 뒤 다시 돌아온다. 그러니 도어스테핑이 진행된 6개월 동안 남성 여성 할 것 없이 다수의 기자들이 기자실에 있다가 슬리퍼 차림으로 복도에 나와 도어스테핑에 참여했다. 도어스테핑 충돌이 벌어지기 전까지 나를 포함해 주로 뒷줄에 섰던 기자들 상당수는 팔짱을 낀 채 대통령의 말을 들었다. 그러나 도어스테핑이 진행되는 동안 신발이나 복장, 자세에 대한 지적은 단 한 번도 없었다.

대통령실 기자들은 복장도 자유로워 청바지에 티셔츠 차림으로 출근하는 이들도 많다. 양복을 입는 건 몇몇 방송

기자들뿐이었다. 그날도 다수의 기자들이 캐주얼한 차림이었고 나를 포함한 방송기자들만 양복을 입고 있었다. 대통령께서 곧 도착하신다는 공지를 들은 뒤 평소처럼 슬리퍼를 신고 복도에 나온 기자들도 많았다. 그래서 슬리퍼 논란이 불거지자 나에게 개인적으로 연락해 자신도 슬리퍼를 신고 있었다고 양심고백을 한 기자들이 있었다.

그러나 논란이 커지자 기자들 대부분이 침묵했다. 평소 도어스테핑 때 슬리퍼를 신던 기자들, 그날 슬리퍼를 신었던 기자들 모두 입을 다물었다. 데스크나 부장 혹은 국장이 슬리퍼 기사를 쓰라고 지시할 때 "저도 평소 슬리퍼를 신어서 쓰기 어렵습니다"라고 할 만한데도 그 정도의 배포를 가진 기자는 많지 않았다. 조선일보는 2022년 11월 21일자 신문 지면에 〈MBC 기자 대통령 문답 때 슬리퍼 끌고 왔다〉[16]는 자극적인 제목의 기사를 실었다. 슬리퍼를 신고 온 것도 아니고 끌고 왔다는 기사의 작성자는 조선일보의 대통령실 출입 기자였다.

슬리퍼는 사태의 본질이 아니었는데도 보수 언론은 유독 슬리퍼에 꽂혀 있었다. 내가 슬리퍼를 신지 않았으면 무엇으로 공격했을지 의아할 정도였다. 윤 대통령과 이기정 홍보기획비서관이 나에게 당했다고 인식한 보수층에게 슬

---

16 《조선일보》 2022년 11월 21일, 〈MBC 기자 대통령 문답 때 슬리퍼 끌고 왔다〉, 김동하.

리퍼는 충분히 자극적인 소재였다. 슬리퍼가 등장한 이후부터 도어스테핑의 내용과 본질은 더 이상 중요하지 않았다. 그들은 겉으로 보이는 슬리퍼에만 집착하며 나에게 예의범절 프레임을 씌우기 시작했다. 여기에 앞장서 총대를 멘 이들이 기자 출신 정치인들이었다.

중앙일보 출신의 국민의힘 김종혁과 김행 같은 정치인은 나를 두고 주총장 망가뜨릴 기회를 찾고 있는 총회꾼 같다고 했으며, 1호 기자(대통령실 출입 기자)는 대통령이 직접 브리핑하는 경우에는 예의범절을 갖추는 것을 가르쳐서 내보낸다는 주장을 폈다. 이들은 과거에 청와대와 기자들이 1년에 한두 차례 각본대로 진행하던 대통령의 공식 기자회견을 도어스테핑과 혼동하고 있었다. 도어스테핑이 없던 시절 청와대를 경험한 사람들의 '라떼는' 식 비난은 논리적이지 않았지만, 예의범절 프레임을 덮어씌우기에는 충분했다.

슬리퍼가 정말 문제의 핵심이었을까. 그들에게 거슬렸던 것은 감히 기자 한 명이 윤석열 정권에 공개적으로 대항하고 대통령실 한복판에서 대통령과 비서관에게 언성을 높여 맞섰다는 점일 것이다. 좌파 언론 MBC의 기자가 보수우파 정권의 시대에 권력의 중심에서 큰 소리로 항의했다는 사실만으로도 나를 단죄하고 싶었을 것이다. 그러다 징계도 마땅치 않던 차에 슬리퍼가 눈에 들어왔고, 보수 유튜버 같은 우파 여론을 끌어모은 것이다. 그러나 누구나 알다시피

슬리퍼는 죄가 없다. 슬리퍼는 논쟁의 본질이 아니었지만, 공천이 시급한 사람들의 눈에는 3천 원짜리 삼선슬리퍼보다 더 크고 깊은 것이 보이지 않았다.

도어스테핑 충돌 후 많은 이들이 기자로서 나의 용기에 감탄했다면서 응원을 보냈다. 그러나 나의 용기는 단일한 진실을 추구한 것 이상의 의미는 없었다. 거짓말하지 말고 진실을 고백하라고 외친 것이 전부인데, 과분하게 포장된 면이 없지 않다. 주변 기자들의 부담을 산 것도 이런 과대 포장 탓일 것이다. 권력의 의도를 눈치챈 기자들은 하나둘씩 상황을 외면하기 시작했다. 어느덧 나는 고립돼 있었고, 연대의 힘은 실종되었다.

도어스테핑 충돌 후 각종 인터뷰 요청이 쇄도했지만 모두 거절했다. 슬리퍼 논란 등을 포함한 여러 공세에 직접 반박하고 싶었지만 참는 것이 좋겠다고 판단했다. 김동훈 한국기자협회장이 전화로 물어오면 한두 마디 개인 입장을 말하는 것이 그때 내가 할 수 있는 대응의 전부였다. 더 큰 싸움을 피하기 위해서는 답답해도 어쩔 수 없었다.

회사도 언제든지 대통령실에서 빼줄 테니 힘들면 말하라고 했지만 나는 타협하는 모습을 보이기 싫어 힘들어도 버티는 길을 택했다. 그 결과 나에게는 정치색이 덧씌워지는 후유증이 남았다. 기자에게는 치명적인 장애물이지만, 이것 역시 내가 감수해야 할 몫이었다.

신문의 시대가 저물어가듯 신문 칼럼이 여론을 주도하던 시대도 끝나간다. 신문 칼럼은 여야가 매일 쏟아내는 독설 논평의 확장판으로 변질됐다. 기자가 쓰는 기명 칼럼은 자기 독자층만 열광시키는 정교한 글솜씨로 각 진영의 격문 역할을 하며 점점 더 자극적인 글을 뽑아내고 있다.

정치 칼럼을 쓰는 논설위원급 기자들은 선을 넘는 능력이 탁월하다. 소위 누가 더 이빨이 센지 경쟁하듯 독한 칼럼을 쓰다가 돌연 정치판에 뛰어든다. 한번 정계에 입문했다가 자리를 잃으면 언론으로 복귀해 기사나 칼럼을 다시 쓴다. 그리고 종편 패널을 전전하며 기회를 엿보다 정계에 재도전한다. 마치 변태를 마친 뒤 벗어놓은 허물로 돌아갔다가 다시 변태를 시도하는 신기한 매미라도 된 것 같다.

때때로 칼럼은 기자 개인의 분노 배설 창구가 되기도 한다. 2015년 11월 28일, 한현우 조선일보 기자가 쓴 〈간장 두 종지〉라는 칼럼은 내가 읽은 칼럼 중 단연 독보적이다. 칼럼의 내용은 간단하다. 조선일보 앞에 있는 어느 중국집에 4명이 가서 탕수육이랑 짬뽕, 짜장, 볶음밥 등을 시켰는데 중국집 종업원이 탕수육을 찍어 먹을 간장 종지를 4개가 아니라 2개만 줬다며 다시는 그 중국집에 안 가겠다는 것이 전부다. 한현우 기자는 〈간장 두 종지〉 칼럼에 대가리, 몸을 주다, 짬뽕이나 먹고 떨어질 놈 같은 격한 표현을 사용했다. 칼럼에 실린 각각의 문장들은 해당 중국집에 대한 기자의 분노를 가득 담고 있었다. 특정 중국집에 대한 기자 개인의 분노로 가득하니 독자들이 칼럼을 읽어도 남는 것이 없었다.

신문 칼럼이 기자의 감정 배설 창구로 전락하는 동안 여론 주도의 기능은 각종 인터넷 커뮤니티로 옮겨갔다. 정파성과 가짜뉴스 논란이 따르긴 했지만, 인터넷 커뮤니티는 조국 사태와 대장동 이슈, '바이든 날리면' 사태와 후쿠시마 오염수 방류 등 여러 현안에서 기성 언론보다 빠르게 여론을 주도했다.

신문 칼럼보다 일반 네티즌의 글이 논리정연할 때도 많았다. 동아일보와 한겨레신문 기자 출신인 정연주 전 방송통신심의위원장은 디지털 환경에서 자유롭게 정보를 유통할 수 있는 세상이 되면서 전문 지식에다 부지런함과 글솜

씨까지 갖춘 수많은 재야의 고수들이 등장했다고 분석했다.[17] 그리고 이들이 기자 권력의 틀 자체를 흔들어 놨다고 보았다. 노골적으로 정파적이면서 겉으로는 객관적이고 중립적인 척하는 칼럼보다 이른바 재야의 고수들이 인터넷 매체와 SNS 등을 장악하기 시작한 것이다.

칼럼깨나 쓰던 몇몇 기자들은 밥그릇에 위협을 느꼈는지 이제는 디지털 미디어를 가짜뉴스 창구로 규정짓느라 분주하다. 물론 유튜브와 SNS 등이 일부 검증되지 않은 정보를 퍼나르면서 가짜뉴스 유통 창구가 될 때도 있다. 하지만 신문사에서 기자들이 받는 월급은 흰색이고 유튜버들이 버는 수익은 검은색이라는 식의 접근은 곤란하다.

2022년 12월 8일, 중앙일보에 오병상 퍼스펙티브 〈가짜뉴스 시대, 진짜뉴스 읽기 5가지 팁〉이라는 기명 칼럼이 실린 적 있다. 오병상 중앙일보 기자는 자신의 이름을 딴 칼럼에서 글의 제목처럼 가짜뉴스를 퇴치해야 한다는 취지의 주장을 폈는데, 그가 사례로 든 것이 강진구 더탐사 기자였다. 많고 많은 가짜뉴스 사례를 제쳐두고 왜 하필 더탐사를 예로 들었는지 모르겠지만, 오병상 기자는 강진구 기자가 돈벌이를 위해 유튜브에서 활동했다는 취지로 보도하면서 매우 신랄하게 비판했다.

17 《오마이뉴스》 2020년 10월 28일, 〈기자들의 권력 뒤흔드는 재야의 고수들〉, 정연주.

그런데 이로부터 넉 달 뒤인 2023년 3월 21일, 중앙일보는 이 칼럼에 대한 정정 보도문을 게재했다. 정정 보도문의 주요 내용은, 사실 확인 결과 더탐사는 신문법상 인터넷 신문사로 등록된 신문사로 선정적이고 정파적인 보도로 돈벌이를 하고 있다는 보도는 사실이 아니기에 이를 바로잡는다는 것이었다. 기자가 사실 확인을 기사 쓴 이후에 했다는 해명이었다. 그마저도 자발적인 정정이 아니라 언론중재위원회 조정에 따른 수동적인 조치였다.

한마디로 가짜뉴스를 비판하는 칼럼을 쓴 기자가 오히려 사실이 아닌 가짜뉴스를 만들었다가 망신을 당한 꼴이었다. 문제의 칼럼은 신문 지면을 2개나 차지할 만큼 크게 실렸지만, 정정 보도문은 지면에서 찾기 어려울 만큼 작았다. 가짜뉴스 운운하며 어설프게 심판자 노릇을 하는 기자의 칼럼이 얼마나 위험하고 완결성이 떨어지는지 보여주는 대표적인 사례다.

신문 칼럼의 어설픈 심판자 노릇은 MBC와 나에 대해서도 마찬가지였다. 특히 도어스테핑 충돌 이후 극심해졌는데, 동아일보의 이기홍 칼럼이 대표적이었다. 2022년 11월 25일, 이기홍 동아일보 기자는 자신의 이름을 딴 '이기홍 칼럼' 〈상상초월 MBC〉에서 PD수첩이 김건희 여사를 다루면서 대역 고지를 안 한 장면 등을 비난하다 갑자기 노조 문제를 거론하고 나섰다.

MBC 전·현직 기자들의 이야기를 들어봤다면서 당시 박성제 사장 체제에 비판적인 직원들의 주장만 칼럼에 실었다. 철저하게 한쪽 입장만 담은 칼럼이었고 일방적인 주장을 실었으니 어떤 내용일지는 뻔했다. 이 칼럼은 PD수첩 제작진을 향해 2008년 광우병 편 제작자들이 그랬듯이 적개심이 하늘을 찌른 상태에서 자신들이 원하는 결론에 닿기 위해 골몰하는 모습이 눈에 그려진다고 비난했다. 칼럼은 "언론이 특정 이념·진영·정파의 전위대처럼 편향된 행태를 거듭하면 진영의 사냥개라 불리는 날이 올 수 있다"는 문장으로 마무리됐다. 그의 칼럼에는 이기홍 기자의 상상력과 내심(內心)이 담겨 있었고, MBC에 대한 적개심이 가득했다.

칼럼은 기자 개인의 분노 배설 창구가 되어서는 안 된다. 진영의 논리로 팩트를 흔들어서도 안 된다. 말 그대로 적개심이 하늘을 찌른 상태에서 자신들이 원하는 결론에 닿기 위해 골몰하면 진영의 사냥개로 전락할 수 있기 때문이다. 요즘 칼럼들의 고질병이다. 정말 상상을 초월한다.

기자를 하면서 누군가에게 살해당할 수도 있겠다는 생각이 든 것은 2022년 11월 21일이 처음이었다. 이날 대통령실은 최근 발생한 불미스러운 사태와 관련해 근본적인 재발 방지 방안 마련 없이는 지속할 수 없다고 판단했다며 도어스테핑 중단을 발표했다. 또한 사정 변경이 없으면 도어스테핑을 다시 하기 어렵다고 했다. 대통령실이 말한 불미스러운 사태는 사흘 전 도어스테핑에서 내가 윤 대통령에게 뭐가 악의적이냐는 질문을 던지고 이후 대통령실 비서관과 언쟁을 벌인 일을 말했다. 사정 변경은 대통령실 기자단에서 내가 퇴출당하는 것이었다. 결국 내가 없어져야 도어스테핑이 재개된다는 얘기였다.

이날 오후 각종 온라인 커뮤니티에 김건희 여사의 팬클

럽 전 회장인 강신업 변호사 유튜브 영상이 돌기 시작했다. 팬클럽 회장직에서 내려온 뒤 활동이 뜸한 줄 알았는데 그는 유튜브를 활발하게 하고 있었다. "선배! 큰일 난 것 아니에요? 좌표 찍힌 것 같으니까 조심하세요." 몇몇 기자들이 강 변호사의 유튜브 영상을 보내주며 걱정을 하기 시작했다. 그의 추종자들이 어딘가에서 공격할지 모른다는 얘기였다. 영상에서 강 변호사는 나를 쥐도 새도 모르게 잡아다가 족쳐버리라면서 잔뜩 화가 나 있었다. 강 변호사의 발언은 거칠고 폭력적이었다. 이미 김건희 여사의 팬클럽 회장직을 물러난 상태라고는 하지만 그의 영향력을 무시할 수는 없었다.

나는 이때 용산 대통령실 기자실에 있었는데 마침 한 여론조사 회사의 간부가 저녁을 같이하자고 연락해왔다. 여러 번 사양했지만 이럴 때일수록 아무렇지 않게 지내야 한다는 그의 말에 결국 저녁 자리에 나갔다. 나에 대한 살인 예고 글이 일베 사이트에 올라온 뒤였지만 나는 그 사실을 까맣게 모르고 있었다.

저녁 8시가 넘었을 때쯤 회사 번호로 전화가 한 통 걸려왔다. 회사 1층 안내데스크 근무자였는데 회사로 경찰이 찾아왔다고 했다. 경찰은 자신을 마포경찰서 상암지구대 〇〇〇 경위라고 소개했다. 그러면서 나에 대한 살인 예고 글이 일베 사이트에 올라와서 신고가 접수됐으니 안전 확인차 방문을 요청한다고 말했다.

일베 사이트를 들어가 확인해보니 〈내가 총대 메고 MBC 기자 이기주 ○○○○ 죽인다〉라는 제목의 글이 있었다. 본문에는 도어스테핑에서 이기정 비서관과 설전을 벌이던 사진과 함께 '내가 당장 MBC에 찾아가서 이기주 ○○○○로 ○○ 죽일 것'이라는 글도 올라와 있었다. 경찰은 살인 예고 글에 장소와 도구, 피해 대상 등이 특정돼 있어서 정식 사건으로 접수됐다고 설명했다.

나는 경찰에게 지금 회사 외부에 있고 일행과 함께 있어서 괜찮다고 여러 차례 말했지만, 그는 규정에 따라 안전 확인이 필요하다며 완고한 태도를 보였다. 잠시 후 식당까지 찾아온 마포경찰서 강력팀 형사들과 함께 승합차를 타고 경찰서로 이동했다. 형사들은 나에게 위치 추적 스마트워치를 착용할 것을 권유했다. 나는 그 정도까지는 안 해도 될 것 같다고 했지만, 형사들은 협박 사건은 예측이 어려우니 착용하는 것이 좋겠다면서 신변 보호 스마트워치를 재차 권했다.

이날부터 경찰서 형사들이 돌아가면서 집 주변을 순찰했다. 밤에도 예외가 아니었다. 회사에서는 당분간 휴가를 쓰라고 권했지만, 일이 크게 벌어진 상태에서 쉬고 있을 수는 없었다. 그럴수록 나는 매일 용산 대통령실로 출근했다. 나의 일거수일투족이 기자들의 정보 보고 대상이 됐지만 개의치 않고 평소처럼 생활했다.

나에 대한 살인 예고 글 게시와 경찰의 수사 착수는 여러 매체에서 기사화됐다. 그런데 기사를 보고 오히려 용기를 얻은 것일까. 이후 나의 메일함은 입에 담지 못할 욕설과 협박 글들로 가득 차기 시작했다. 협박 내용은 하나같이 처참한 수준이었고 저주에 가까웠다. 나에 대한 욕설뿐 아니라, 나의 부모와 가족에 대한 협박도 넘쳐났다. 염산 같은 자극적인 단어들이 자주 등장했고 성적인 모욕도 난무했다. 단순한 비난을 넘어 명백한 혐오였다. 내용의 대부분은 나를 또는 내 가족을 어떻게 해버리겠다는 것이었다. 내 고향이 전라도일 것으로 넘겨짚고 전라도 사람들을 혐오하는 내용의 메일도 많았고, 내가 민주당과 연루된 것으로 추측하고 민주당과 연관 지어 빨갱이 운운하는 이들도 부지기수였다.

나는 회사에 갈 때마다 회사 주변에서 나를 기다리고 있을 누군가를 찾아보았다. 살인을 저지르고 싶을 만큼 나를 증오하는 누군가는 어디 있을까. 그가 갑자기 나타나 나를 덮치면 어떻게 해야 하나. 살인 예고 글을 올린 협박범이 나를 만나지 못해 혹시라도 지나가는 다른 MBC 직원들에게 묻지마식 칼부림이라도 벌이면 어떡하나 하는 걱정이 들었다. 주변에서는 내 걱정이나 하라고 했지만 쉽게 잦아들지 않았다.

불행인지 다행인지 곧바로 2022 카타르 월드컵이 개막했다. 뉴스에 편성된 시간이 크게 줄었고 축구 중계 때문에 뉴스가 밤늦게 시작하는 날도 많았다. 뉴스의 비중이 줄고 전국적으로 월드컵 응원의 열기가 고조되면서 월드컵 경기 시청은 MBC에서만 하겠다는 응원 메일이 쏟아졌다. 혐오 메일도 차츰 잦아들기 시작했다.

경찰이 애를 쓰긴 했지만 수사에는 진척이 없었다. 결국 두 달 뒤 경찰은 나에게 수사를 종결하겠다고 연락해왔다. 협박범이 미국에 본사를 둔 구글의 g-mail 계정을 쓰는 데다 이동 IP를 사용해 검거하기 어려울 것 같다고 했다. 나는 경찰의 의견을 받아들였다. 다른 사건들도 많은데 이 사건을 계속 붙잡고 있어 달라고 하기는 어려웠다.

약 6개월 뒤 신림역 주변에서, 또 분당의 한 백화점에서 묻지마 흉기 난동이 잇따라 벌어졌다. 사상자가 무더기로 발생했고 이를 모방한 살인 예고 글이 여기저기 올라왔다. 나에 대한 살인 예고 글처럼 대부분 외국 이메일의 임시 계정과 이동 IP를 사용해 올라온 글들이었다. 그리고 일주일 만에 작성자 100여 명이 검거됐다. 이렇게나 빨리, 또 많이 잡을 수 있다는 것이 놀라웠다.

살인 예고 글이 알려지고 나에 대한 혐오 메일이 쏟아질 무렵 회사 앞에 보수단체 회원들이 몰려왔다. 북한 인공기와 MBC 로고를 섞은 대형 천막이 등장했다. 천막의 절반은 삼선슬리퍼 사진이 차지했다. 상암동 MBC 사옥 앞에서 한 달 넘게 진행된 집회는 2023년 새해까지 이어지다 매서운 한파와 함께 끝났다. 내가 집회 시간에 회사로 들어오면 회사 보안팀은 긴장해야 했다. 소란스러운 집회가 나 때문에 장기간 열린 것도 죄송했고, 회사 직원들이 불편을 느낀 것도 죄송했다. 회사 주변 상인들에게도 죄송했다.

살인 예고는 나보다 가족들의 신경을 곤두서게 했다. 힘들었는지 이 무렵 아내는 아기를 유산했다. '바이든 날리면' 사태부터 누적된 스트레스 영향이 컸을 것이다. 나는 새 생명이 찾아왔다는 기쁨을 느낄 새도 없이 떠나간 아기에게 미안함을 느껴야 했다. 가족들은 의연했으나 나는 편치 못했다. 살인 예고 사건은 기자로서도, 한 가정의 가장으로서도 큰 상처를 남겼다.

바야흐로   국익 만능 시대

내가 국익과 애국심 얘기를 귀가 닳도록 듣기 시작한 것은 〈1호기 속 수상한 민간인〉 보도를 했을 때부터다. 당시 대통령실 관계자는 기사에 대해서 딱히 할 말은 없지만 그래도 앞으로 보도하기 전에 국익도 생각해달라고 당부했다. 인사비서관 아내도 국익이냐고 웃어넘겼지만 지금 와서 생각해보니 이때까지만 해도 대통령실의 대응은 양반이었다.

'바이든 날리면' 사태 이후 미국 정부는 한미동맹이 굳건하다고 했지만, 대통령실과 국민의힘은 MBC의 비속어 보도가 한미동맹을 훼손하는 악의적인 보도라고 맹비난했다. MBC 워싱턴 특파원의 국무부 질의는 특파원이면 외교 관련 사안에 하는 통상의 취재 절차였는데도 AFP 기사[18] 원문을 인용한 fuckers라는 단어를 트집 잡아 악의적이라고 목소리를 높였다.

'날리면' 발표 당시 김은혜 홍보수석은 대통령의 외교 활동을 왜곡하고 거짓으로 동맹을 이간하는 것이야말로 국익 자해 행위라며, 정파의 이익을 위해 국익을 희생할 수는 없다고 국익을 연거푸 강조했다. 국회 연설에 나선 정진석 국민의힘 비상대책위원장도 MBC가 가짜뉴스로 대통령을 흠집 내고 국익을 훼손하는 일에 앞장섰다고 주장했다.

2023년 1월, 윤 대통령의 "UAE의 적은 이란" 발언 당시 세계일보가 주한 이란대사관에 관련 질의를 했다. 이란대사관은 세계일보의 질의에 "예의주시하고 있다. 대한민국 정부의 설명을 기다리고 있다"는 답변을 보냈고, 세계일보는 이를 보도했다.[19] 우리 정부 입장에서 불편할 수 있는 보도였지만, 정부와 여당은 MBC에 했던 것과 달리 세계일보에는 국익 훼손 등의 반응을 보이지 않았다.

화살은 뜬금없이 MBC로 향했다. 중앙일보 출신인 김행 국민의힘 비대위원이 또 나섰다. 2023년 1월 26일, 김 위원은 국민의힘 최고위원회의에서 "MBC가 순방 성과 보도에 소극적"이라면서 "MBC의 국익 자해 보도는 어제오늘 일이

---

18 《Agence-France-Presse》 2022년 9월 22일, 〈South Korean leader's hot mic US criticism goes viral〉.

19 《세계일보》 2023년 1월 18일, 〈단독: 주한이란대사관 "'이란은 UAE의 적' 尹 발언 설명 기다려…UAE는 이란의 두 번째 교역국"〉, 홍주형.

아니다"라고 주장했다. 그러면서 "MBC가 오보를 내고 정치적 편향성을 드러내고 나라 망신을 시키고 국익을 해치고도 반성 한마디가 없다"며 '바이든 날리면' 사태를 다시 꺼내 들었다.

정부와 여당은 MBC가 윤석열 정부에 불리한 보도를 했다고 주장할 때마다 국익을 등장시켰다. 불편하고 껄끄러운 보도에는 여지없이 정파적 프레임이 씌워졌다. 그러나 국익을 위해 언론이 대통령의 비속어 논란을 모른 척 침묵해야 한다는 것은 진보 보수를 떠나 상식적이지 않다. 대통령에게 사실 확인을 받은 뒤에 보도했어야 한다는 주장대로면 '바이든 날리면' 보도는 불가능했고 국민의 눈과 귀도 가려졌을 것이다. 대통령이 부인하기만 하면 언론의 손발이 다 묶이는 결과가 되기 때문이다.

2023년 4월 9일, MBC 100분 토론 1,000회 기념 프로그램에 출연한 홍준표 대구시장과 유시민 작가가 국익에 대해 흥미로운 논쟁을 벌였다. 이날도 역시 '바이든 날리면' 사태가 토론의 핵심이었다. 홍준표 대구시장은 이를 두고 "뒤에서 몰래 찍은 건 비열하다. 파렴치한 짓이다"라며 MBC를 비판했다. 홍 시장은 '바이든 날리면' 사태를 몰래카메라 정도로 인식하고 있었다. 그리고 곧바로 국익 발언이 나왔다.

"국익을 생각한다면 차라리 그런 일 있었다 치더라도 보도를 안 하는 것이 맞는 겁니다."

유시민 작가가 국익 판단을 정치인이나 권력자가 해서는 안 된다고 반박했지만 홍 시장은 물러서지 않았다. 국익은 이틀 뒤인 2023년 4월 11일, 대통령실이 미국 정부의 도감청 의혹에 대해 발표한 입장문에도 등장했다.

알려드립니다 .

(중략) '용산 대통령실 이전'으로 도감청이 이뤄졌다는 식의 허위 네거티브 의혹을 제기해 국민을 선동하기에 급급합니다. 이는 북한의 끊임없는 도발과 핵 위협 속에서 한미동맹을 흔드는 '자해 행위'이자 '국익 침해' 행위입니다.

권력자들이 말하는 국익은 대한민국의 이익을 뜻하는 것일까, 아니면 윤석열 정권의 이익을 뜻하는 것일까. 1970년에 리영희 선생은 "국가와 정부를 구분할 줄 모르는 의식의 미분 상태라면 국가와 국민의 보다 높은 행복과 이상을 위해 불행한 일이겠다. (중략) 모든 정부의 결정, 정책, 행동을 국가의 이름으로 대치해놓고 외부의 비판을 반박하는 것이 애국심이라고 직결해버리는 사고방식이 과연 애국심이겠는가"라고 지적했다.[20] 국가와 정부는 동일하지 않을뿐더러 국가나 애국심이라는 개념으로 외부의 비판을 막아서도 안

20 《한국기자협회보》1970년 9월 25일, 〈미필적 고의〉, 리영희.

된다는 뜻이다.

정부에 부담되는 보도에 국익을 들이대는 순간 사실상 보도 통제가 일어난다. 기자가 이런 식의 국익을 고려해야 한다면, 문재인 정부 시절 대장동 기사나 문 대통령의 혼밥 기사, 김정숙 여사의 인도 방문 같은 기사도 쓰지 말아야 했다. 지금 국익을 들먹이는 이들 가운데 당시 국익을 위해 보도 자제를 주장했던 인사가 있었던가. 국익은 과거에도 그랬고 현재도 그렇고 권력자들이 언론에 들이미는 가장 손쉬운 잣대다. 바야흐로 국익 만능 시대지만, 국익으로 언론에 재갈을 물릴 수는 없다.

3

기자,
왜 하는 것일까

세월호, 개밥 그리고 MBC

지난 2017년 한승현 전 목포 MBC 보도부장은 최승호 뉴스타파 PD가 만든 다큐멘터리 영화 〈공범자들〉에서 2014년 4월 16일의 상황을 이렇게 회상했다.

> "학생들이 전원 구조됐다고 자막이 떠요. 그 중간에 박영훈 기자가 구조된 학생들 입에서 전원 구조가 아니다, 배 속에 300명 정도 있을 것이다, 그 얘기를 듣고 내가 서울에 전국부장과 통화했죠. 전원 구조 아니다라고 했는데…. 서울에서 그게 묵살됐죠."

김선태 전 목포 MBC 보도국장도 같은 영화에서 "지금 이게 서울에서는 끝이라고 생각하는데 그게 아니다, 이게 시작이다 했더니 그 대답이 예, 알겠습니다, 예예, 하고 말아요. 아차 우리가 하는 이야기를 지금 한 귀로 듣고 한 귀로 흘리는구나"라고 그날의 상황을 전했다. 김 국장은 나중에 PD수첩의 인터뷰에도 응했는데 "내가 진짜 그때 조금만 용기를 가지고 뉴스 속보를 냈으면 단 한 명이라도 더 구하지 않았을까 하는 생각이 든다"며 눈물을 흘렸다. 주름진 얼굴로 서럽게 흐느끼는 두 명의 중년 기자를 보며 극장에서, 또 사무실에서 나도 함께 울었다.

2014년 4월 16일, 그날 나는 아침 일찍부터 서울 신길동 주택가에 있었다. 노후주택 밀집 지역이 화재에 취약하다는 기획 아이템을 취재하러 나와 있었는데, 세월호 침몰 소식을 처음 접한 것은 오전 10시쯤 취재 차량에 설치된 DMB TV를 통해서였다.

당시 내가 속해 있던 부서는 지역 뉴스를 담당하는 전국부였고, 특히 서울시와 행정안전부를 출입처로 삼다 보니 전국부가 세월호 참사 보도를 주관하게 됐다. 노후주택 취재를 중단하고 사무실로 복귀하라는 지시가 내려왔다. 10여 분 만에 여의도 MBC에 도착했다. 보도국은 현지 상황을 파악하느라 정신이 없었다.

나는 목포 MBC와 광주 MBC, 여수 MBC 등 진도 인근에 나가 있는 현지 기자들과 서울 본사의 소통 창구 역할을 맡았다. 뉴스특보는 배가 침몰했다는 것과 배 안에 단원고

학생 300여 명이 타고 있다는 걱정만 반복하고 있었다.

사무실에서 전원 구조 얘기를 처음 들은 것은 회사 복귀 1시간이 채 되지 않았을 때로 기억한다. 보도국 어딘가에서 "전원 구조래요!"라는 목소리가 들렸고 "맞아?", "맞대?"라고 되묻는 소리가 여러 번 들렸다. 그러다 얼마 지나지 않아 MBC 뉴스특보 화면에 전원 구조 자막이 나갔다. 그 자막이 어떤 과정을 거쳐 방송에 나가게 된 것인지는 알지 못한다. 그러나 "전원 구조래요!"라는 말을 들은 순간부터 자막이 방송에 뜬 시간 사이의 간격은 그리 길지 않았다.

나는 그날 부장이 어디선가 걸려온 전화를 받은 뒤 앞에 있던 차장급 기자에게 "전원 구조가 아니라는데…"라는 말을 하는 장면을 목격했다. 둘 사이에 잠시 침묵이 흘렀다. 차장급 기자는 그래도 정부의 발표를 믿는 수밖에 없지 않느냐는 취지의 말을 부장에게 했고 부장은 다시 자리에 앉았다. 전원 구조 오보가 정정되기까지 20분 넘는 시간이 걸렸다. 당시 MBC의 전원 구조 속보는 최악의 오보 사례로 지금도 회자되고 있다.

만약 지금 목포에서 전원 구조가 아니라는 취재 보고가 올라온다면 나는 어떻게 했을까. 당연히 현장 기자의 취재를 존중해야 한다고 의견을 강하게 냈을 것이다. 하다못해 정부 발표와 현장 취재 내용을 병기하자는 의견이라도 냈을 테지만, 그날 나는 MBC 보도국 문화에 아직 적응 못하고 먼발치에서 수수방관하는 무력한 존재였다. 언론사 이직 만 1년 차의 무력함을 방패 삼은 그날의 나는 무용(無用)한 존재였다.

전원 구조 오보는 시작에 불과했다. 심야에 진도 팽목항 에서 청와대로 행진하는 세월호 유족들의 영상에서 웃는 사람을 찾으라거나, 웃는 사람은 유족이 아니라 외부 세력 일 것이니 리포트를 해야 한다는 식의 업무 지시가 줄곧 내 려왔다. 이런 지시를 얼굴 붉히지 않고 거부하는 것은 큰 스 트레스였다.

KBS 임원들이 안산 합동분향소를 찾았다가 유가족의 거센 항의를 받고 억류되는 상황이 발생했을 때는 "뭐 하러 거기 조문을 가. 그런 놈들 해줄 필요 없어. 관심을 가져 주 지 말아야 돼. 저런 X들은"이라는 말을 바로 코앞에서 들어 야 했다. 나는 차라리 팽목항에 보내달라고 했지만, 서울에 도 인력이 필요하다며 차출되지 못했다. 당시 부장은 부서 원들의 지시 이행 정도가 성에 차지 않았는지 직접 뉴스데 스크에 출연하기도 했다. 그는 뉴스에서 이렇게 말했다.

"사고 초기 일부 실종자 가족들은 현장에 간 총리에게 물을 끼얹고 구조 작업이 느리다며 청와대로 행진하자고 외쳤습 니다. 외국의 사례는 어떨까요? 쓰촨 대지진 당시 중국에서 는 원자바오 총리의 시찰에 크게 고무됐고 대륙 전역이 힘내라 중국, 중국을 사랑한다는 애국적 구호로 넘쳐났습니다."[1]

이때도 '애국'이 등장했다. 애국적 구호가 쓰촨 대지진 당시 실제 나왔다고 하더라도 그 장면은 중국 언론을 통해 전해진 것이었다. 중국 언론의 특성상 중국 정부가 보여주고 싶은 장면만 방송됐을 수 있다. 과장되고 미화됐을지 모를 장면을 뽑아 세월호 유족과 대비시켜 애국적 구호를 강조하는 시도가 MBC에서 아무렇지 않게 벌어진 것이다. 유민 양 아버지 김영오 씨의 40일 넘는 단식을 두고는 '좌파 우파 개밥 논쟁'이라는 믿기 힘든 뉴스를 내보낸 곳도 당시 MBC였다.

"세월호 유가족과 지지자 등의 단식 논쟁은 피자와 개밥 논쟁으로까지 번졌습니다. 자발적으로 모인 우파 시민 100여 명이 광장에서 피자, 치킨을 먹는 퍼포먼스를 가졌고, 사흘 뒤에는 이에 대해 좌파 쪽에서 개집과 개밥을 가지고 나와 조롱하고 비난했습니다."[2]

1　MBC '뉴스데스크' 2014년 5월 7일, 〈분노와 슬픔을 넘어서〉, 박상후.
2　MBC '뉴스데스크' 2014년 9월 12일, 〈광화문 광장 이념 충돌로 '싸움판'…인신공격·무단점유 난무〉, 장성호.

그때 우리는 세월호 참사가 발생한 구조적인 문제를 취재하기보다 정확한 이유도 모른 채 유병언과 구원파를 쫓기 바빴다. 기레기라는 소리를 들으면서도 참사의 본질과 점점 멀어졌다. 유병언이 죽은 뒤에야 선정적인 보도에 동원된 사실을 깨달았다. 현장 취재기자의 취재 내용을 묵살하고 정부의 발표를 받아쓰기에 열중했다.

2017년 3월 23일, MBC가 촛불 정국에 무임승차할 기회를 노리던 무렵 미디어오늘은 〈우리는 MBC가 세월호를 어떻게 보도했는지 기억하고 있다〉라는 제목의 기사에서 이렇게 비판했다.

"(중략) 촛불 시민들에게 '엠빙신' 소리를 듣게 만든 과거의 문제적 보도를 덮을 수는 없다. 세월호 참사 전원 구조 오보에서 시작된 MBC의 문제적 보도는 지속적으로 세월호 유가족과 특별조사위원회를 정조준해 여론으로부터 고립시켰다. MBC는 왜곡 보도에 분노한 유가족의 항의 방문을 문전박대하기도 했다."[3]

그때와 달리 2022년과 2023년에는 MBC 뉴스의 신뢰도가 각종 기관의 조사에서 연속으로 1위를 기록했다. MBC가

3 《미디어오늘》 2017년 3월 23일, 〈우리는 MBC가 세월호를 어떻게 보도했는지 기억하고 있다〉, 금준경.

상승하는 동안 JTBC와 KBS는 하락했다. 하지만 MBC 뉴스가 차지하고 있는 1위 자리가 얼마나 허약한지는 머지않아 드러날 것이다. 슬픈 예감은 대개 틀린 적이 없다.

안 하느니만 못한　　　　　　　　취재

지금 이야기하려는 사기 사건의 피해 금액은 270만 원밖에
되지 않는다. 제보자는 피해자의 딸이다. 270만 원은 누군
가에게는 큰돈일 수 있어도 기자에게는 제보 내용이 귀에
들어올 만큼의 금액은 아니었다. 특별할 것 없는 제보였지
만 건강이 좋지 않은 아버지가 밤늦게 택시 운전을 하시는
데 범죄 피해까지 당해 억울하다는 딸의 얘기를 듣고 있자
니 매몰차게 외면하기 어려웠다. 나의 아버지도 평생 운수
업에 종사하며 더우나 추우나 일터에 나가 운전대를 잡았
고, 일당을 챙겨 받느라 전전긍긍하는 모습을 나 또한 어릴
적부터 보며 자랐다. 그런 피 같은 돈을 눈 뜨고 뜯긴 아버
지가 오죽 안 됐으면 자식이 언론사에 제보까지 했을까. 기
사를 쓰지 않아도 사연이라도 들어주는 것이 낫겠다 싶어

제보자를 만나기로 했다.

피해자는 60대 택시 기사였다. 어느 날 밤 20대 남성이 카카오택시 앱으로 택시를 불렀고 피해자는 그를 손님으로 태웠다. 그런데 이 남성은 택시에 탑승한 뒤 가진 돈이 없으니 친구를 불러내야 한다며 피해자에게 휴대전화를 잠시 빌려달라고 요구했다. 제보자의 아버지는 내키지 않았지만, 요금을 받을 생각에 어쩔 수 없이 그에게 휴대전화를 건넸다.

그러자 이 남성은 피해자가 가입한 통신사 사이트에 접속해 결제에 필요한 인증번호를 받았고 200만 원짜리 최신형 아이폰과 30만 원 상당의 온라인 상품권 등을 순식간에 결제했다. 나중에 요금 통지서를 확인한 아버지가 통신사에 피해 금액을 취소해달라고 요구하자 통신사는 휴대전화를 빌려준 것은 택시 기사의 잘못이라며 피해 보상을 거부했다. 이래서 억울하다는 것이 제보자의 얘기였다.

도저히 보상받을 방법이 없느냐는 제보자의 말에 한번 물어나 보겠다고 대답한 것이 취재의 시작이었다. 경찰에 물어보니 다행히도 범인은 검거된 상태였다. 하지만 그는 이미 범죄 수익을 모두 탕진한 뒤여서 남은 돈이 없다고 했다. 통신사에 물어보니 "피해 보상 방안을 검토하고 있다"고 했다. 실제로 보상을 고려하고 있는지는 확인할 방법이 없지만, 통신사 설명은 일단 희망적이었다.

나는 제보자에게 보상받는 것이 목적이라면 좀 더 기다

렸다가 일부라도 보상을 받을 것인지, 아니면 그래도 기사를 내고 싶은지 물었다. 망설이던 제보자는 기사를 내면 보상을 받는 데 좀 더 도움이 되지 않겠냐며 내고 싶다고 했다. 그렇게 2019년 4월 25일, 〈빌려준 전화기 오래 쓴다 싶더니…황당 고지서〉라는 제목의 기사가 MBC 뉴스데스크를 통해 방송됐다.

며칠 뒤 나는 보상 검토가 어떻게 진행되고 있느냐고 통신사 측에 문의했다. 그런데 통신사 입장은 뉴스가 나가기 전과 180도 달라져 있었다. 통신사는 보상 방안을 찾고 있었는데 기사가 나가는 바람에 보상을 해줄 이유가 없어졌다고 했다. 통신사 설명대로면 오히려 기사 때문에 보상을 받지 못하게 된 것이었다. 통신사가 괘씸했지만, 일단 보상이 시급한 피해자를 생각해 다른 방안이라도 찾아달라고 부탁했다. 그러나 통신사로부터 긍정적인 회신은 오지 않았다.

피해자는 택시 배차를 받기 위한 통신사 서비스마저 해지당할 처지에 놓여 있었다. 제보자 입장에서는 아무것도 얻지 못하고, 결과적으로 안 하느니만 못한 제보가 된 셈이었다. 허탈한 것은 나도 마찬가지였다. 일부라도 보상받을 기회를 뉴스 때문에 날렸기 때문이다. 나는 미안한 마음을 담아 회사에 소정의 제보 사례비를 신청했고, 개인적으로 문화상품권을 몇 장 보내드렸다. 미안함을 표현할 방법이 그것밖에 없었다.

내가 이 작은 기사를 오래 기억하고 큰 의미를 부여하는 이유는 최근 인터뷰 몇 개 하고 기사가 나간 뒤에는 취재원을 외면하는 기자들이 많기 때문이다. 뒤에 얘기할 고속도로 민간 순찰원 사망 사건에서도 유족들은 정작 필요할 때 기자들이 없었다면서 배신감을 느꼈다고 했다. 기자들이 본인 기사에 필요한 유족 입장 한두 줄만 들은 뒤 매정하게 떠났기 때문이다.

일전에 한 동료 기자가 어린이집에서 아이가 학대를 당했다는 어떤 부모의 제보를 받고 기사를 쓴 뒤, 부모가 어린이집으로부터 문제 제기를 당하자 제보자의 연락을 외면하는 것을 보았다. 아이의 부모가 기자에게 연신 전화를 걸어 왔지만, 그 기자는 난처해하면서도 수신 거절 버튼을 눌렀다. 왜 전화를 받지 않느냐고 물었더니 그는 X 밟았다며 미간을 찌푸렸다. 제보 내용에 오류가 있더라도 기사를 쓴 기자라면 제보자와 함께 문제를 해결해야 하는데, 제보자의 연락을 아예 외면하는 그에게 실망이 컸다. 제보 내용을 제대로 확인하지 못한 자신의 잘못도 있는데, 필요할 때는 제보자를 이용하더니 제보자가 기자를 필요로 할 때는 귀찮아한 것이다.

일단 기사를 쓰기로 마음먹었으면 기자는 제보자든 취재원이든 사후 관리에도 신경을 기울여야 한다. 좋은 기사를 쓰는 것도 중요하지만, 보도 후 책임을 다하는 것도 중요하다. 기자는 기사 쓰고 현장을 떠나면 그만이지만, 취재 이후 현장에 홀로 남는 것은 제보자나 취재원이기 때문이다. 그가 혹시라도 취재로 인해 보복을 당할 위험이 예상된다면 취재 방법을 바꾸거나 취재 자체를 심각하게 고민해 결정해야 한다. 취재원을 고려하는 것은 기자가 갖춰야 할 인성이자 능력이다. 이를 외면하고 자기 기사가 우선이라고 생각한다면 그는 위험한 기자다.

하마터면 묻힐 뻔한
비정규직 순찰원   죽음의 진실

어떤 생명도 서너 줄짜리 기사로 떠나보낼 만큼 가벼운 것
은 없다. 사망했다거나 숨졌다는 단순하고 건조한 표현만으
로는 사망자의 사연과 유족의 고통, 슬픔, 원망을 온전히 표
현할 수 없다.

죽음의 진실을 파헤치는 것은 기자의 책무다. 세월호가
그랬고, 이태원이 그랬고, 김용균과 해병대 채 상병이 그랬
다. 수학여행을 가다 죽는 일은 없어야 하고, 길을 가다 죽
는 일도 없어야 하고, 일하러 갔다가 죽는 일도 발생하지 않
아야 한다. 그러나 그렇지 않은 것이 현실이다. 그래서 기자
는 억울한 죽음을 취재해야 한다.

기자를 하다 보면 죽음의 진실을 파헤치는 취재를 자의
든 타의든 한두 번쯤은 하게 된다. 나에게는 비정규직 고속

도로 순찰원의 죽음이 그런 경우였다. 희생자들이 20대 초중반의 꽃 같은 청년들인 데다 특히 비정규직이라는 사실이 나를 붙잡았다. 이들이 당하지 않아도 될 교통사고를 당했다는 것을 알았을 때 나는 유족의 마음을 이해해줄 누군가가 필요하다고 생각했다.

2019년 7월 24일 밤, 평택시흥고속도로 민간 순찰원 양모 씨와 허모 씨에게 긴급출동 지령이 떨어졌다. 인천 방면 42킬로미터 지점 갓길에 음주운전 의심 차량이 서 있으니 출동하라는 것이었다. 이들은 고속도로를 관리하는 하청업체 소속 비정규직 직원으로 고장 차량이나 사고 차량이 생기면 현장에 나가 경찰을 지원하던 청년들이었다.

신고를 받은 양 씨와 허 씨가 현장에 도착해 차량을 확인하자 검은색 카니발 승합차 한 대가 갓길에 세워져 있었다. 운전석에는 아무도 없었고, 조수석에만 남성 한 명이 타고 있었다. 이후 고속도로 순찰대 소속 경찰차 두 대가 출동했지만, 남성이 음주운전을 부인하는 바람에 블랙박스 영상을 확인하느라 시간이 지체됐다. 남성이 불렀다는 보험회사 견인차를 기다리면서 또 시간이 흘렀다. 그렇게 두 청년은 1시간 넘게 컴컴한 고속도로 갓길에 서 있었다. 그런데 갑자기 졸음운전을 하던 25톤 트레일러 차량이 이들을 덮쳤고, 두 청년은 황망하게 세상을 떠났다.

유족들은 시신을 화장해도 좋다는 경찰의 말을 믿고 장

례를 치렀다. 하지만 얼마 후, 두 청년이 트레일러에 치인 다음 또 다른 승용차에 한 번 더 치이는 2차 사고를 당했다는 사실이 드러났다. 경찰로부터 2차 사고를 전달받지 못한 채 시신을 화장해버린 유족들은 분노했다.

경찰의 부실한 대응은 현장에서도 드러났다. 사고 차량 뒤편에 2차 사고를 방지하기 위한 고깔 모양의 라바콘과 삼각대를 따로 세우지 않았던 것이다. 빨간색 경광봉을 흔드는 수신호도 없었고, 경광등이 들어오는 경찰차 2대를 모두 사고 차량 앞에 세우면서 트레일러의 후방 추돌을 막지도 못했다. 그러나 경찰은 진실을 원하는 유족에게 그렇게 진실이 알고 싶으면 죽은 애들한테 가서 확인해보라는 등의 적반하장식 태도를 보였다.

2019년 8월 20일, 나는 이런 취재 내용을 모아 〈하마터면 묻힐 뻔한 비정규직 순찰원 죽음의 진실〉을 연속 보도했다. 경찰의 허술한 현장 대응과 부실 수사로 두 청년의 죽음을 막지 못했고, 죽음의 진실도 묻혀버렸다는 내용이었다. 뉴스가 나간 지 하루 만에 사건 관할인 경기 시흥경찰서장이 유족들에게 공식적으로 사과를 했다. 부실 수사를 인정하고 전면 재수사를 다짐하는 사과문도 배포했다. 그동안 유족에게 냉담했던 경찰이 TV 뉴스를 보고 분노한 여론에 굴복한 것이다.

유족이 당연히 받아야 할 사과를 받을 때까지 꼬박 한

달이 걸렸다. 한 달 동안 나는 서너 줄에 불과했던 단신 기사를 총 5개의 TV 뉴스로 키웠다. 진실을 갈구하는 유족들과 함께한 결과였다. 처음에는 나도 다른 기자들처럼 단순한 교통사고 기사로 짧게 쓰고 말았다. 그런데 며칠 뒤 유족에게 장례를 잘 치렀는지 안부가 묻고 싶어졌다. 첫 통화에서 나에게 "기자님 너무 억울합니다"라고 했던 유족의 목소리가 귓가를 떠나지 않았기 때문이다.

생떼 같은 20대 청년들의 억울한 죽음이 마치 계산대에서 바코드 찍듯 써내는 짧은 단신 기사로 처리되고 세상에서 잊히는 것은 서글픈 일이다.

> "사고 초기에는 기자들이 불나방같이 몰려왔어요. 그런데 며칠 만에 우수수 떠나고 아무도 안 오더라고요. 이제는 저희가 아무리 전화해도 전화도 안 받아요."

덩그러니 남은 유족들은 매정하게 등 돌리고 떠난 기자들에게 큰 상처를 받았다고 했다.

블랙박스 속 한없이 선해 보이는 두 청년의 모습, 자신들을 향해 질주하는 트레일러 불빛을 보고 지었던 공포, 어떻게든 트레일러를 피하려고 발버둥 치던 모습이 잊히지 않아 한동안 괴로웠다. 경찰이 재수사와 감사를 진행해 정확한 사인을 조사한들 죽은 사람이 살아 돌아올 수는 없었다. 경찰관 몇 명 징계받는다고 해서 유족들의 억울함과 비통함이 풀리는 것도 아니었다.

그러나 안타깝게도 2차 사고 경위를 재조사하는 동안 나는 두 청년의 유족과 함께하지 못했다. 곁에 더 오래 있어주지 못했다. 나는 이 사건이 채 마무리되기도 전에 화성 연쇄살인 사건의 유족 곁으로 자리를 옮겨야만 했다.

살인의 추억,   살인 은폐의 추억

부모에게 아이는 세상 무엇보다 예쁘고 귀한 보석이다. 그런 아이를 하루아침에 잃었을 때의 고통을 상상이나 할 수 있을까.

그런 고통을 30년 넘게 간직하고 살아온 가족이 있다. 초등학교 2학년, 우리 나이로 9살밖에 안 된 이쁜 딸이 하굣길에 종적을 감췄다. 그 마을에서는 3년 전부터 여성들을 대상으로 한 연쇄살인 사건이 발생하고 있었다. 경찰은 가족들에게 초등학생 딸이 단순 가출한 것이라며 집에서 기다리라고 했다. 그러나 딸은 엄마, 아빠, 그리고 세 살 터울 오빠의 곁으로 영원히 돌아오지 못했다.

2019년 화성 연쇄살인 사건의 진범 이춘재가 검거되었다. 이후 그는 추가로 4건의 범죄를 자백했는데, 위의 이야기는 그 가운데 1989년 7월에 발생한 화성초등학생 살인 사건의 피해자 가족 얘기다. 당시 사회부 선배였던 박충희 MBC 기자의 도움으로 이 사건에 대한 놀라운 사실을 알게 됐고, 그 후 저널리즘의 모범 사례로 자부하는 취재가 시작된다.

내가 들은 얘기는 다음과 같았다. 이춘재의 자백을 받은 경찰이 30년 전 수사 기록을 찾아보니, 1989년 화성 연쇄 살인 사건에 대한 압박을 심하게 받고 있던 경찰이 초등학교 2학년이던 김모 양 살해 사건을 단순 가출로 처리했더라는 것이다. 당시 김 양의 시신과 청치마, 책가방, 속옷 등 유품이 발견됐는데도 경찰이 유족 모르게 폐기해서 없앤 상태였다. 김 양 사건은 가족을 제외한 다른 이들의 기억에서 잊혀갔다.

이로부터 30년이 흐른 뒤 한 백발의 노인이 수원에 있는 경기남부경찰청을 홀연히 찾아왔다. 집에서 뉴스를 보다가 이춘재의 추가 자백 소식을 접한 이 노인은 자신이 30년 전 경기도 화성에서 실종된 김 양의 아버지라고 밝힌 뒤 "혹시 우리 딸의 실종도 이춘재와 관련이 있느냐"고 민원실 직원에게 물은 것이다. 연락을 받고 내려온 미제사건팀 경찰관이 김 양의 아버지에게 30년 전 딸이 살해당했다는 사실과 사건이 은폐됐던 정황을 털어놓았고, 김 양의 유족은 큰 충격에 빠진다.

나는 영화에서나 봤던 일이 실제로 벌어지는 현실에 소름이 돋았다. 이 백발의 노인, 김 양의 아버지는 어디에 계실까. 우리는 김 양의 유족을 찾기로 하고 나를 포함한 기자 5명이 화성으로 내려갔다. 다행히 1996년 MBC〈경찰청 사람들〉이라는 프로그램에서 화성 연쇄살인 사건을 특집으로 다뤘는데, 그날 방송에 김 양의 가족이 출연한 사실을 알게 됐다. 방송 자막에 적힌 김 양 아버지의 이름은 김○○. 그 이름 석 자만 들고 화성을 누비기 시작했다. 이름이라도 알았으니 몰랐을 때와 비교하면 하늘과 땅 차이였다.

김 양 아버지를 수소문하는 역할은 후배인 김아영 기자가 주로 맡았다. 김아영 기자는 화성시 진안동(과거 화성군 태안읍) 일대를 돌며 길에서 만나는 사람마다 "30년 전에 여기에서 살았던 김○○ 씨라고 아세요?"라고 물었다. 남산에서 김 서방 찾기가 따로 없었지만, 때로는 이런 방식이 먹힐 때가 있다. 사실 이것 말고는 더 낫다고 할 방법도 없었다. 바지런한 성격의 김 기자는 화성을 누비다 혹시나 하는 마음에 구글에서 과거 김 양 사건에 대한 기사를 검색했고, 김 씨의 가족이 1990년 경기도 광명으로 이사했다는 옛 기사를 찾아냈다.

김아영 기자는 그길로 광명으로 이동해 광명시청 1층 로비에 있는 컴퓨터에서 김 양 아버지의 이름을 검색했다. 거기서 수십 개의 김○○ 이름이 나오는 어느 재개발 관련 전자

문서를 발견했다. 다행히도 문서에는 주소가 병기돼 있었다.

"선배, 똑같은 이름이 너무 많은데 어떻게 할까요?"
"위에서부터 일단 하나씩 다녀보자. 오늘 당장 찾아야 하는
것은 아니니까 천천히 다녀봐."

김아영 기자에게 다시 전화가 온 것은 다음 날이었다. 광명
의 한 낡은 빌라 앞이라고 했다.

"선배 찾았어요!"
"진짜? 이렇게 빨리?"
"여기 광명동에 있는 빌라예요."
"진짜 김○○ 씨 맞아?"
"네 방금 만나고 내려왔어요."
"만나고 내려왔다고? 왜 내려왔어?"
"쫓겨났죠."

김 기자는 김○○ 씨에게 환영받지 못했다고 말했다. 이해
못할 일도 아니었다. 김○○ 씨는 추후 이날의 문전박대에
대해 30년 전 기자들이 가족들에게 상처만 줬던 기억이 떠
올라 그랬다고 따로 미안함을 전해왔다.

"선배. 이제 어떻게 하죠?"

"음…. 음료를 사서 다시 찾아뵙고 자초지종을 설명드려봐."

두 번째 시도 역시 문전박대로 끝났다. 다행히 김 양의 아버지는 기자가 선물로 가져간 음료를 거절하지는 않았다. 기자와 두 번이나 인사를 나눈 것도 작은 소득이었다. 그러면서 김 양의 어머니가 건강이 좋지 않아 기자를 만날 상황이 아니라는 사정을 설명해줬다.

"선배. 내일 다시 와볼까요?"

"무작정 또 가는 것보다 손편지를 써서 드리고 오는 것이 낫겠다."

김 양 가족으로부터 연락이 온 것은 며칠 뒤였다. 연락한 이는 김 양의 고모였다. 고모가 그 집을 찾았다가 우유 배달 봉투 속에서 우리가 남긴 손편지와 명함을 발견해 연락한 것이었다. 고모는 오빠를 직접 설득하겠다면서 조카의 영혼을 달래기 위해서라도 억울한 사연을 꼭 보도해달라고 요청했다. 나는 곧바로 김아영 기자와 김 양 아버지를 찾아뵀고, 취재와 인터뷰를 허락해달라고 말씀드렸다.

적대감을 보이며 한참을 망설이던 김 양 아버지도 여동생의 설득에 결국 보도를 수락했다. 이후 고모가 사는 평택과 아버지가 사는 광명을 몇 차례 오가며 인터뷰를 진행했다. 인터뷰 내내 김 양 가족과 우리는 함께 울고 위로했다.

2019년 10월 23일, 30년 전 경찰이 저지른 이춘재 초등학생 살인 사건 은폐 의혹 보도가 MBC 뉴스데스크를 통해 첫 전파를 탔다. 첫 보도가 나가는 내내 여러 감정이 교차했다. 마치 김 양이 기자들을 자신의 엄마, 아빠에게 이끌어 준 것 같았다.

이어서 윤상문, 남효정 기자까지 합세해 시신의 은폐 장소로 추정되는 지역을 누볐지만, 유품 흔적을 찾을 수는 없었다. 30년 전 야산이던 그곳은 이미 아파트 단지로 바뀌어 있었다. 이후 김 양의 영혼을 달래는 위령제가 열렸고, 경기남부경찰청장은 선배 경찰들을 대신해 김 양의 가족에게 사과했다.

살인 사건을 은폐한 30년 전 경찰을 쫓는 역할은 이지수 기자가 맡았다. 이 기자는 집요한 성격답게 화성과 수원 일대를 샅샅이 탐문한 끝에 결국 수원의 한 골프연습장에서 문제의 경찰을 찾아내는 데 성공했다. 사건을 은폐하고도 잘살고 있는 그들의 뻔뻔한 모습이 전파를 탔지만, 공소시효는 이미 지나 있었다.

우리는 연일 특종을 했다. 그러나 보도가 이어질수록 김 양의 가족은 딸의 죽음을 현실로 맞닥뜨리는 고통을 견뎌야 했다. 나는 김 양의 부모님에게 사건 은폐에 대해 국가에

책임을 묻는 소송을 하자고 제안했다. 그리고 다른 취재 과정에서 알게 된 이정도 변호사에게 무료 변론 도움을 청했다. 처음에는 현실적인 문제 등으로 머뭇거리던 부모님은 이 변호사가 흔쾌히 나서자 국가를 상대로 한 손해배상 소송을 하기로 마음을 굳혔다. 무료 변론이었음에도 이정도 변호사는 3년이 넘는 기간 동안 소송을 살뜰히 챙겨주었다.

2022년 11월, 김 양의 유족이 1심 재판에서 승소했다. 국가가 김 양의 유족에게 2억 2천만 원을 배상하라는 판결이 나온 것이다. 당시 경찰의 유죄를 인정한 것과 다름없었다. 하지만 어린 딸을 잃은 뒤 줄곧 건강이 좋지 못했던 김 양의 부모님은 승소 결과를 보지 못하고 딸의 곁으로 두 분다 떠나고 말았다.

1심 선고가 끝난 뒤 이정도 변호사는 수사기록 편철에서 우리가 쓴 손편지를 보았다고 말했다. 그러면서 우리 기자들에게 감사의 뜻을 나타냈다.

"처음에는 왜 편지가 첨부돼 있는지 몰랐어요. 기자들이 썼다는 사실을 듣고는 기자가 이렇게까지 하나 하고 놀랐지요."

우리는 김 양 사건에 대해 3년 동안 총 20개가 넘는 리포트를 뉴스에 냈다. 신중해야 하는 유족 설득과 지속적인 취재,

그리고 보도 후 취재원 관리까지 모든 면에서 저널리즘의 모범 사례가 아닐까 자평한다.

죽음의 진실이 묻혀도 되는 사람은 없다. 화성에서, 광명에서, 평택에서, 수원에서, 30년 전의 진실을 좇으며 때로는 나보다 더 진심이었던 후배들에게 존경의 마음을 전한다. 그리고 어린 나이에 억울하게 희생된 김 양과 이제는 딸의 곁을 지키고 계실 김 양 부모님의 명복을 빈다.

폭로 보도의 　　　　　　　　 덫

2010년 개봉한 영화 〈부당거래〉에 이런 장면이 나온다. 류승범이 연기한 주양 검사가 평소 친하게 지내던 법조 기자에게 "그러니까 요즘에 이런 소문이 들리더라 아니면 말고 이렇게…. 정확하지는 않은데 어사무사하게…"라며 자신에게 유리한 기사를 내줄 것을 주문한다. 기자는 다음 날 검사의 부탁대로 기사를 쓰고 여론은 의도대로 급반전한다.

　검사와 기자가 은밀한 거래를 하는 이 장면은 권력에 동원되는 기자의 민낯을 보여줬다. 나는 기자 지망생들에게 강연할 기회가 있으면 이 영화를 권한다. 그리고 출입처에 동원되거나 이용당하는 기자가 되지 말라고 조언한다. 어느 조직이든 내부자가 제보하면 무턱대고 기사를 쓸 것이 아니라 그 의도를 신중하게 판단하고 검증하라는 것이다. 하지만 특종에 목마른 기자들이 구체적이고 매력적인 내부자 폭로 앞에 냉정을 유지하기는 어렵다. 그래서 공익을 위한 제보인지 사익을 위한 제보인지에 대한 판단은 미뤄두고, 그저 폭로 내용에만 의존해 보도하는 오류를 저지르기도 한다.

검찰의 피의사실 유포는 불법인데도 아직 그 이유로 처벌받은 전례가 없는 배경에는 피의사실을 죄의식 없이 받아먹은 기자들의 조력이 있었다. 유력 인사에 대한 피의사실이 기사로 흘러나오면 온 나라가 들썩인다. 그 기사를 쓴 기자는 기자란 이런 거구나 하는 쾌감에 빠지고, 받아쓴 대가로 각종 상까지 거머쥐며 특종 기자로 거듭난다. 기자의 판단력이 흐려지는 것은 한순간이다. 검찰발 특종을 받아먹은 기자는 그 유혹에서 빠져나오기가 힘들다. 피의사실을 또 받아쓰지 않고는 못 배기게 되는 것이다. 폭로 보도를 아예 안 할 수는 없지만, 기자는 폭로의 의도를 이중 삼중으로 확인해야 하고 새로운 취재 없이 폭로만 인용하는 것은 피해야 한다.

사회부 기자 시절 대기업의 취업 사기를 폭로하겠다는 20대 취업준비생의 연락을 받은 일이 있다. 그는 이름만 들어도 알 만한 회사의 간부로부터 취업 사기를 당했다고 나에게 호소했다. 그러면서 간부와 주고받은 SNS 메시지 등을 증거로 제시했다. 그런데 대화를 차근차근 읽어보니 그 내용은 취업 시험 부정행위를 위한 작전 모의였다. 둘은 범죄를 공모한 사이였고 제보자도 부정행위를 인지하고 있었다. 심지어 금품도 오갔다. 그런데 약속한 취업이 성사되지 않자 나를 찾아온 것이었다. 사적 보복의 의도가 다분했다. 그는 꿈이 짓밟혔다고 눈물로 호소했지만, 내 눈에는 다른 응시자들의 꿈을 짓밟으려다 무산된 사건에 지나지 않았다. 고민 끝에 경찰에 자수하라는 말과 함께 그를 돌려보냈다.

그가 정부나 공기업 취업을 꿈꾸고 같은 일을 벌였다면 공익신고자 신청을 했을지 모른다. 공익신고자의 제보라면 언론이 맹신하는 경향이 있기 때문이다. 나는 개인적으로 공익신고자라는 타이틀은 신변 보호 조치에 꼭 필요한 경우가 아니면 공개해서는 안 된다고 생각한다. 정치권이나 공직 사회에서는 정적을 해치기 위해 공익신고자 제도를 악용하는 사람들이 많다. 공익신고자로 추앙받던 인물이 돌연 기득권 거대 정당에 들어가 입신양명을 추구하거나 무슨 의혹에 휩싸여 잠적이라도 하면 이보다 난망할 때가 없다.

한때 고 장자연 사건을 증언하며 등장한 윤지오 씨에 대한 기자들의 관심이 뜨거웠다. 그는 각종 방송 프로그램에 나왔고, MBC에도 출연했다. 한국에서 책까지 내고 공익신고자로 인정돼 국회의원과 경찰의 도움을 받았다. 하지만 그는 자신을 둘러싼 여러 의혹이 불거지자 캐나다로 출국한 뒤 돌아오지 않고 있다. 그의 말을 받아썼던 기자들은 이제는 그를 비판하는 기사를 쓴다.

2023년 5월, 문재인 정부 청와대의 감찰 무마 의혹을 폭로한 김태우 씨에 대해 대법원은 유죄 판결을 내렸다. 공익적 폭로였다는 그의 주장을 받아들이지 않은 것이다. 폭로의 동기나 목적이 의심스러우며 다른 비위 혐의로 감찰을 받자 폭로를 시작했다는 것이 유죄 판단의 근거였다.[4] 김 씨가 폭로를 쏟아낼 당시 법조 기자들은 그의 말을 받아쓰기 바빴다. 그 결과 조국 전 민정수석은 1심에서 유죄를 선고받기도 했다. 그럼에도 대법원이 김 씨의 폭로에 대해 공익성을 인정하지 않은 것은 시사하는 바가 크다.

누군가의 일방적인 폭로를 받아쓴 기자가 제보자의 의도까지는 몰랐다고 하면 책임이 없어지는 것일까. 폭로에 공익적 효과가 있다면 그 폭로에 숨겨진 사익은 눈감아줘도 되는 것일까. 폭로 보도는 달콤하다. 하지만 달콤한 만큼 위험하다. 그런 폭로에만 기생하는 한, 폭로의 덫에 빠진 기자들은 계속 생겨날 것이다.

---

4   《한국일보》 2023년 5월 18일, 〈"공익신고자"라는 김태우…법원은 "감찰받으니 폭로, 동기 의심스러워"〉, 박준규·강지원.

스리랑카인과   관계자, 관계자, 관계자….

"차별적 표현 다시 한번 생각해봅시다. 인종, 국적, 장애 여부는 정말 필요한 정보일 때만 명시합시다."

얼마 전 회사에 들렀다가 화장실 벽에 붙은 새로운 문구를 발견했다.

기자들이 기사에 무심코 쓰는 인종과 국적 등이 차별적 정보이니 삼가자는 캠페인이었다. 기사에 인종, 국적, 장애 여부가 빠지면 기사가 밋밋해지긴 하지만 나랑 비슷한 생각을 하는 누군가가 있다는 사실에 반가웠다.

〈뉴욕서 30대 한국인 여성 피살…흑인 노숙자 소행〉이라는 제목의 기사가 있다. 미국에서 한국인이 증오범죄로 희생당한 안타까운 사건이었는데 기사 댓글에는 흑인은 짐승이라거나 박멸 니그로라는 식의 흑인에 대한 증오가 가득했다. 또 다른 사건을 다룬 기사 제목은 〈택시 기사 상대로 강도행각 벌인 흑인 긴급체포〉다. 여기에도 굳이 흑인이라는 표현을 써야 했는지 의문이다.

2020년 3월, 영국 출신의 프리랜서 기자 라파엘 라시드는 〈한국 언론을 믿을 수 없는 다섯 가지 이유〉라는 칼럼을 써 큰 화제를 일으켰다. 그는 각종 인터뷰를 통해서도 칼럼의 주요 내용을 밝혔는데, 2020년 3월 9일 YTN 〈뉴스가 있는 저녁〉에 출연해 한국의 언론은 살인 사건을 보도할 때 한국인이 아니라면 무조건 그 사람의 국적을 부각한다며 보도 관행을 비판했다. 한국 기자들이 습관처럼 쓰는 누군가의 국적이 외신 기자의 눈에는 불합리하게 보인 것이다.

2018년 12월, 나는 고양 저유소 화재 사건의 취재 후기로 〈스리랑카인 A씨? 굳이 국적을 밝힐 필요가 있었나요?〉라는 제목의 기사를 쓴 적 있다. 2018년 10월 7일, 대한송유관공사 고양 저유소에 큰불이 났는데 경찰은 인근 공사장에서 풍등을 날렸던 스리랑카 출신의 외국인 노동자 A씨를 검거했다. 기자들은 경찰의 발표를 토대로 A씨의 국적이 스리랑카라는 사실을 경쟁적으로 기사에 썼다. 그러나 스리랑카는 27년 전 A씨가 태어난 고향이라는 의미 외에 이 사건에서는 어떠한 정보의 가치도 없었다. 그런데도 A씨의 국적이 기사에 공개되면서 한때 스리랑카인과 무슬림에 대한 혐오가 일었다.

이후 나는 고양경찰서장을 만나 왜 굳이 스리랑카인이라는 걸 공개했는지 물었지만, 돌아온 답은 스리랑카인이라고 해서 동정을 받고 풀려나는 것이 옳으냐는 반문이었다. 국적은 묘하게 선입견과 편견을 불러일으킨다. 당시 A씨를 돕던 민변 소속 변호사도 A씨가 미국인이나 백인이었다면 안 겪을 편견까지 받고 있다고 안타까워했다. 내가 썼던 기사 또한 사회적 반향을 일으키지 못했고 호응도 얻지 못했다. 기사에 달린 댓글은 100억 원 넘는 화재 피해에 대한 분노로 가득했다. 결국 그는 실화 혐의로 기소돼 1심과 2심에서 모두 벌금 1천만 원을 선고받았다. 사건 초기 힘없고 빽없는 스리랑카 국적의 노동자라는 사실이 알려져 잠시 동정론이 일었던 것이 그나마 다행이었다. 3년에 걸친 재판 끝에 A씨 측이 대법원 상고를 포기하면서 벌금형은 확정됐고, 그는 고향으로 돌아갔다.

무분별한 국적 공개 관행을 지적했던 라시드 기자는 한국 언론의 익명 기사 관행도 함께 비판했다. 취재원의 익명성을 보장하니 진짜와 가짜를 구분하기 어렵고 사실을 꾸며내기 매우 쉬운 환경이라고 지적했다. 정부, 여당, 검찰 관계자발 기사가 넘쳐나는 한국 언론의 무책임함을 꼬집은 것이다. 내가 대통령실에 출입하며 가장 의아하게 여겼던 일이 브리핑 연단에 오른 정부 측 인사들이 브리핑 전에 자신의 이름을 관계자로 처리해달라는 요청부터 하는 관행이었다. 기자가 실수로 그의 이름이라도 기사에 공개하면 무슨 큰일이라도 난 것처럼 대통령실 직원들로부터 즉각 전화가 온다. 문제 되기 전에 어서 수정하라는 동료 기자들의 연락도 빗발친다. 이렇다 보니 출처 불명의 관계자발 기사가 난무해도 문제라고 느끼는 기자가 없다.

언론인은 보도기사를 작성할 때 취재원이나 출처를 밝혀야 하며, 추상적이거나 일반적인 취재원을 빙자하여 보도해서는 안 된다는 취재원 투명성 조항이 신문윤리강령에 신설된 때가 1996년이다. 그러나 30년 가까이 유명무실하다. 라시드 기자는, 서양 언론은 누군가의 생명을 위협하거나 심각한 파장을 초래하는 경우가 아니라면 익명으로 남기는 경우가 거의 없다고 지적했다. 정치인과 검사, 공무원의 이름을 이제라도 찾아줘야 한다.

4

어떤 기자로
살 것인가

국민을 대신해 질문한다는   기자들의 궤변

나는 기자들이 정부 부처의 출입처 사람들에게 흔히 사용하는 선배라는 호칭을 쓰지 않는다. 대신 꼬박꼬박 그들의 공식 직함에 "님"을 붙여 부른다. 다소 사무적으로 보이기도 하고 거리감이 느껴질 수도 있지만, 선배라는 호칭은 결정적인 순간에 기자가 선을 넘을 수 있는 만능키 같은 느낌이라 별로다. 비판적인 기사를 선배 얼굴 봐서 뭉갤 수도 있고, 선배의 체면을 생각해서 불편한 질문을 거둘 수도 있다.

나와 부딪힌 권력자들은 대부분 나의 기자 선배였다. 내가 그들에게 선배라는 호칭을 썼다면 지금 같은 고난의 시간이 오지 않았을 수도 있다. 윤석열 대통령 취임 초기 대통령실의 한 관계자가 내게 이런 말을 했었다. 국민의힘을 취재하며 잘 알고 지내던 인사였다.

"MBC라고 무조건 비난하려고만 하지 말고, 5년간 사고 안 치고 조용히 있으면 공짜로 전 세계 해외여행 시켜주잖아. 대통령실 출입기자보다 좋은 것이 없어. 그냥 있는 듯 없는 듯 지내."

그는 대통령이 해외 순방을 다닐 때 기자들이 동행 취재하는 것을 공짜 해외여행이라고 불렀다. 공짜 여행에서 배제되지 않도록 조용히 지내라는 일종의 충고였다. 하지만 나는 5년은커녕 1년도 못 채우고 대통령실 출입을 마감했다. 그가 말한 공짜 해외여행은 뉴욕과 일본 두 번으로 그쳤는데, 뉴욕에서는 '바이든 날리면' 사태를 촉발시켜 조용히 지낼 수 없게 됐고, 일본에서는 굴욕외교 논란으로 속만 끓이다 돌아왔다.

리영희 선생은 1971년 9월 《창조》에 기고한 글에서 "수행기자가 제 나름의 독자적 취재를 하거나 그것이 본사에서 활자화되기 위해서는 보통 용기가 필요한 것이 아니다. 권력의 위협을 물리칠 용기는 물론이려니와 동료 기자들이 앉아서도 누리는 혜택을 땀 흘려 뛰어다님으로써 포기해야 한다는 사실을 잘 알기 때문이다"라고 했다. 50여 년 전 대통령 수행기자가 진실을 보도하기 위해서는 지금보다 더 큰 용기가 필요했을 것이다. 그때나 지금이나 변하지 않은 것은 권력이 언론을 향해 국익과 애국심을 요구한다는 점이고, 변한 것은 기자들의 용기가 사라졌다는 점이다.

공개 석상에서 "대통령님 파이팅!"을 외친 사람도 기자고, 술자리에서 술병 들고 노래하는 여당 실세 원내대표의 박수부대가 된 이들도 기자다. 권력 앞에서 기자들은 무력했다. 자신에게 닥친 일이 아니면 철저하게 타인의 자리에 머물렀다. 대통령실에는 특정 기자 네댓 명이 대통령 동정 단독 보도를 돌아가면서 하고 있는데, 나오는 기사라고는 대통령이 사석에서 격노했다든지 영부인이 훈훈한 미담 행보를 했다는 것들이다. 대부분 대통령 부부의 의중에 맞춘 기사다. 기자가 대통령과 그 권력을 취재하는 게 아니라, 권력이 기사를 발주하고 기자는 그 발주를 수용하는 형국이다.

'바이든 날리면' 사태 이후 우기고 잡아떼고 가짜뉴스로 몰아가는 방식을 줄곧 겪었다. 권력자들은 '바이든'이라고 보도한 기자, 정확히 말하면 MBC 기자들에게 자유를 병들게 하는 가짜뉴스를 퍼뜨렸다고 엄포를 놓았다. 리영희 선생이 자신의 글을 정치적 신학의 도그마가 지배하는 날까지 가설인 것으로 만족한다고 했던 것처럼 나 역시 '바이든'이 가설이어도 상관없다. 가설이라고 해도 날리면이 아니라 바이든이 맞다는 입장을 고수하는 기자 한 명쯤은 있어야 한다고 생각한다. 의무가 없는 이발사도 임금님 귀를 당나귀 귀라고 외쳤는데, 하물며 사회적 책무를 부여받은 기자들이 권력의 발표를 수동적으로 받아쓰기만 할 수는 없는 일이다.

나는 지금까지 "청와대 기자 그렇게 하는 것 아니다"라는 핀잔만 들었을 뿐, 그렇다면 기자를 어떻게 해야 하는지에 대한 답은 듣지 못했다. 대통령은 언론과의 협조 체제를 강조한다. 대통령이 말한 협조 체제가 검찰청 기자실의 모습을 떠올린 것이라면 지금의 우리 언론은 그 기대에 충실히 부응하고 있는 듯하다. 일부 기자들은 힘들게 얻은 질문 기회를 권력 칭송으로 소모하고 질문을 가장해 대통령에게 야당 비판의 장을 마련해준다. 뒤에서 권력을 욕하던 기자들이 권력 앞에서는 셀카 사진 찍기에 바쁘다. 1호기 안에서 대통령에게 사적으로 부름을 받지 못한 것을 아쉬워한다. 이들은 불편한 질문을 스스로 피하고 있다. 권력을 향한 불편한 질문을 거부할 바에는 국민을 대신해 질문한다는 말도 더는 입에 올리지 말아야 한다.

권력이 요구하는 협조 체제와 예의범절, 국익과 애국심은 통치자의 논리일 뿐이다. 언론은 통치자를 위해 존재하는 것이 아니다.

권력이 되려는   기자들

"A기자 알아요? 우리 팀장이라는데 어떤 사람이에요? 윤
총장이랑 오래된 관계래요."

지상파 방송의 현직 부장급 기자가 윤석열 캠프에서 메시지
팀장을 맡았다는 얘기를 들은 것은 2021년 초여름, 윤석열
전 검찰총장이 대선 출마 선언을 할 즈음이었다. 기자를 그
만두고 캠프로 갔다는 건지 물어보니 그건 아니라고 했다.

"현직 기자가 이래도 되는 거예요?"

내가 한 말이 아니다. 자신도 국민의힘 소속으로 윤 후보를
위해 뛰고 있지만, 현직 기자가 캠프 활동을 하는 것이 말이

되느냐고 취재원이 나에게 되려 물은 것이다. 전직 기자가 정치판에 발을 들여놓아도 폴리널리스트라고 욕을 먹는 세상인데, 겁도 없이 현직 기자가 특정 후보 캠프에서 활동하다니 너무 황당해서 질문에 제대로 대답하지 못했다.

이때는 누가 윤석열 캠프에 합류하느냐가 초미의 관심사인 시기였는데, 하마평에 오른 여러 인물을 뒤로하고 이름을 듣게 된 첫 번째 인물이 현직 기자라니. 내가 못 믿겠다는 투로 반응하자 취재원은 눈으로 보기만 하라는 신신당부와 함께 텔레그램을 켜 단체 채팅방을 보여줬다. 텔레그램 방 참가자 목록에는 국민의힘의 낯익은 이름들 외에 어느 기자의 이름이 섞여 있었다.

"이 사람이 A기자고요. 우리가 이렇게 대응 문건을 올려주면 A기자가 취합하는 식이에요. 일단은 이렇게 시작해서 하고 있는데 어떻게 될지는 잘 모르겠어요."

광화문 이마빌딩에 차려질 공식 캠프와는 다른 별도의 조직이라고 했다. 또 철저히 신뢰를 바탕으로 비밀리에 운영되는 조직이라고 했다. 그래서 취재원은 텔레그램 방을 보여주는 것 외에 캡처나 촬영을 끝내 거부했다. 텔레그램 방은 초기여서 그런지 조직화된 팀으로 보이지는 않았다. 메시지 팀이라는 명칭과 달리 대화 내용은 네거티브 대응이

주 업무로 보였다.

팀장이라는 A기자가 어떤 사안에 대해 여의도에서 떠도는 풍문 등을 취합해달라고 하면 팀원들이 대응 방안까지 포함한 문건을 작성해 텔레그램 방에 올리는 식이었다. 내가 확인할 당시에는 쥴리는 누구인가라는 루머에 대응하기 위한 PDF 형태의 전략 문건들이 속속 올라오고 있었다. 이른바 윤석열 X파일이라는 문건을 본 것도 이들의 텔레그램 방이 처음이었다.

A기자는 왜 선거에 뛰어든 것일까. 현직 기자여서 얼굴도 이름도 내세우지 못하는데 그걸 감수하고라도 특정 후보를 그렇게 돕고 싶었던 것일까. 이러면 안 되는데 하는 직업윤리 같은 것은 없었을까. 하지만 나는 그 흔한 캡처 하나를 얻지 못해 이 내용을 기사로 쓰지 못했다. 그리고 며칠 지나 취재원으로부터 전화가 걸려왔다.

"혹시 그 텔레그램 방 누구한테 말한 적 있어요? 지금 우리 팀장이 여기 탄로 났다면서 대체 누가 외부에 알린 거냐고 하는데. 방 폭파하고 팀도 해체한대요. 혹시라도 나한테 들은 사실 말한 적 없죠?"

현직 기자가 특정 정당 소속 인사들과 선거 운동을 했다는 사실은 이렇게 묻히고 말았다. 다행이라고 해야 할지 모르겠지만, 이후 대선이 끝날 때까지 그 부장급 기자가 캠프에서 공식 직책을 맡았다는 얘기는 듣지 못했다. 현직 기자가 이처럼 대놓고 선거에 참여하는 것은 매우 드문 경우다. 하지만 정치부 기자들은 알게 모르게 정치인들의 여러 행위에 관여하며 사실상 정치에 참여하고 있다.

어느 날 정치부에 갓 전입해온 후배와 함께 국회의원과 식사를 한 일이 있었다. 나는 밥을 먹다 그 의원에게 최근 내놓는 메시지에 대한 개인적인 느낌을 말해줬는데, 식사가 끝난 뒤 후배는 나에게 왜 선배는 취재를 하지 않고 정치에 직접 플레이를 하느냐고 따지듯 물었다. 기자가 정치인에게 하는 개인적인 조언이 정치하는 것으로 비칠 수도 있겠구나 싶어 몸가짐을 조심한 기억이 있다. 물론 시간이 흐르면서 후배는 그때의 나보다 더 활발하게 정치인들과 밥을 먹고 서슴없이 조언을 나누게 됐으니, 후배도 알게 모르게 정치에 발을 들인 것인가.

취재를 명목으로 권력의 주변에 머무는 정치부 기자들이 취재원인 정치인들과 명확히 선을 긋지 못하는 것은 고질병이다. 나는 기자가 정치인으로 변신하는 것에 거부감은 있지만, 기자가 정치를 한다고 해서 무조건 비난하는 건 불합리하다고 생각한다.

기자는 다른 정치 입문자들보다 엄격한 잣대를 요구받는다. 기자가 정치를 하겠다고 선언하면 그동안 쓴 기사들이 결국 정치판에 취업하려는 목적으로 작성한 것이냐는 비난을 받는다. 반면 TV나 라디오, 유튜브에 하루가 멀다고 나오는 시사평론가나 정치평론가들은 때로 기자들보다 더 큰 영향력을 갖는데도 기자만큼의 직업윤리를 요구받지 않는다. 그들은 원래 정치판에 있었고 정치할 사람들이라는 이해를 얻는 듯하다.

기자들은 평소에는 정치인들과 함께 있다가 사건이 생기면 뒤로 물러서서 감 놔라 대추 놔라 훈수를 둔다. 책임은 지지 않고 지적질만 한다. 그런 기자들이 여야가 협상하고 타협하면 원안에서 퇴보했다고 기사를 쓰고, 원안대로 밀어붙이면 타협과 대안 없이 강행한다고 비판한다. 오락가락하는 장단을 어떻게 맞춰야 할지 정치인들도 난망하고 기사를 읽는 독자들도 황당하다. 그러다가 정작 자기가 플레이어가 되면 줏대 없이 둬온 훈수마저 잊어버리고 기성 정치인들과 똑같아진다.

기자들이 본격적으로 정치판에 뛰어들 것이라면 차라리 정치를 잘했으면 좋겠다. 제보만으로 청담동 술자리 의혹을 덜컥 폭로한 김의겸 의원이나, 밥 한 공기 다 먹기를 양곡관리법의 대안이랍시고 내놓은 조수진 의원, 윤 대통령을 입시 전문가로 추켜세우더니 실업급여를 시럽급여라고 부르며 수급자 비하 논란을 일으킨 박대출 의원 모두 기자 출신이다. 공개 석상에서 여성 의원의 외모를 품평했다가 눈총을 산 이용호라는 정치인도 기자였다. '날리면' 발표의 주인공 김은혜 홍보수석도 MBC와 MBN에서 기자를 했다. 야당 국회의원이 이태원 참사 질의를 할 때 "웃기고 있네"라는 낙서 때문에 김은혜와 함께 회의장에서 쫓겨난 강승규 시민사회수석도 경향신문 기자 출신이다. 도어스테핑 장소에서 나에게 반말로 훈계하다 설전을 벌였던 이기정 홍보기획비서관은 CBS와 YTN에서 기자를 했고, 공영방송 이사들에 대한 해임안을 무리하게 의결한 이동관 방송통신위원장과 김효재 부위원장은 각각 동아일보와 조선일보 기자 출신이다. 장관 되겠다고 스스로 검증대에 올랐다가 기자들에게 선배 후배 운운하며 보도를 중단하라는 말을 서슴지 않았던 김행도 중앙일보를 다녔다. 30년 가까이 언론에 종사하다 권력을 좇아 떠난 이들이다.

그런데 내가 정치부 기자를 하며 깨달은 사실은 정치를 제대로 하려면 꽤 긴 시간 축적된 고도의 전문성이 필요하다는 점이다. 정치인에게는 최대 다수의 최대 행복을 추구하는 공리적 사고가 필수인데, 그런 인식이 하루아침에 길러지는 것은 아니기 때문이다. 그러니 권력에 취해 준비 없이 뛰어든 기자 출신 정치인들은 힘든 시간을 겪을 수밖에 없다. 기자 출신이어서 기대를 모았던 상식적이고 합리적인 비판과 대화는 내팽개치고 집단의 이익과 공천에만 혈안이니 여간 실망스럽지 않다. 적어도 기자를 할 때는 합리적인 기사를 쓰려고 노력은 했을 테니 말이다.

　정치부 기자를 오래 했다고 해서 정치인 될 준비가 됐다는 것도 착각이다. 정치부에 오래 있어도 정치인들의 주변만 맴돌다 나오는 것이 전부이기 때문이다. 운 좋게 권력이 된 기자들 중 지역 토착화된 몇몇을 제외하면 대부분 쓸쓸히 퇴장했다는 사실을 명심해야 한다.

내로남불은   남 얘기가 아니다

10여 년 전 증권부 기자를 하던 시절, 한국거래소에서 주식 매매가 가능한 장소는 기자실이 유일했다. 컴퓨터로만 주식 매매가 가능하던 때였다. 그때 일부 기자들이 미공개 내부 정보를 활용해 이익을 챙긴다는 얘기가 돌았다. 특정 회사의 주식을 사두었다가 긍정적인 기사를 쓴 뒤 값이 오르면 주식을 팔아 재미를 본 것이다. 기피나 제척 사유가 생겨도 마찬가지였다. 그러다 기자 누구누구가 금융감독원에 적발됐다는 풍문이 돌았다. 알고 지내던 선배의 이름이 들려서 조심스럽게 물었다. 그는 억울해하며 답했다.

"야 그거 이미 갖고 있던 주식이야. 기업 탐방 가기 훨씬 전에 산 거야."

자신이 투자한 기업이라면 관련 기사를 쓰지 않거나, 기사를 쓰려면 주식을 거래하지 않아야 하는데도, 그 간단한 원칙이 지켜지지 않았다.

최근 정치인들의 가상자산 거래가 사회적 문제로 불거졌다. 국민의 공복이라는 이들이 근무 시간에 또는 상임위 회의 도중에 코인 거래에 열중했으니 지탄받아 마땅했다. 기자들이 득달같이 달려들었다.

그런데 근무 시간에 코인 거래하는 이가 어디 정치인뿐일까. 내가 기자실에서 직접 본 것만도 여럿이다. 하루에도 여러 번 코인을 거래하는 후배 기자가 있는데, 그와 대화하다 보면 대부분이 코인 얘기다. 시세가 좋을 때는 더 자주 등장한다. 신나서 코인 시황을 줄줄 읊는다. 그는 본인 업무에 지장 없는 선에서 한다는 말을 자주 했다. 근무 시간에 코인 거래를 하면서도 본인 할 일은 다 한다고 자부하는 기자. 이런 기자를 비판하는 기사는 누가 써야 하는 것일까.

문재인 정부 시절 주택을 여럿 보유한 고위 공직자들이 내로남불의 전형으로 떠올랐다. 당시 정부가 다주택자에게 양도세를 중과하는 등 엄격한 규제를 만들었는데, 정작 고위 공직자가 바로 다주택자였다는 사실이 드러나 공분을 산 것이다.

그때 마침 경실련이 다주택을 보유한 국회의원 명단을 발표했다. 여야 할 것 없이 다주택자 의원의 수는 상당했다. 부동산 문제를 담당하는 국토위 소속 국회의원도 많았고,

임대차 3법을 다루는 법사위 의원들도 다수였다. 국민의힘 소속 다주택자 의원과 통화를 하는데, 그는 씩씩거리면서 이렇게 말했다.

"이 기자는 다주택자 아니지? 아까 통화한 ○○○ 기자는 나한테 집이 왜 두 채냐면서 한참을 쏘아붙이더니 전화 끊을 때쯤 자기도 집이 두 채라고 하네. 나 원 참….."

이건 기자가 정치인을 비판한 것일까, 정치인이 기자를 비판한 것일까.

술만 마시면 운전대를 잡는 선배 기자가 있었다. 어느 날 그가 음주운전 비판 기사를 썼는데, 댓글이 수천 개나 달릴 정도로 반응이 뜨거웠다. 평소 술자리에서 음주단속에 걸리지 않는 방법을 무용담처럼 늘어놓던 사람이 음주운전을 비판하는 기사를 쓴 것이다. 물론 독자들은 이 선배 기자의 음주운전 전력을 알 리가 없었다. 내가 선배에게 이제는 음주운전 안 하시냐 묻자 "요즘은 안 하지…"라며 멋쩍어했다. 이쯤 되면 내로남불을 넘어 기만이 아닐까.

기자처럼 남 얘기를 쉽게 하는 직업이 없다. 그런데 같은 잣대를 스스로에게 대는 기자도 별로 없다. 정치인의 코인 거래에는 거품을 물면서 자신의 코인 거래에는 관대하고, 다주택자 공직자를 비판하면서 자신이 다주택자인 것은 모른 척한다. 자기 기사만큼만 윤리 의식을 가졌으면 건설업자에게 12억 원을 받아 구속되는 기자가 보도될 일도 없을 테고, 성 접대와 수입차 무상 제공 의혹의 핵심 인물로 현직 기자가 지목될 일도 없었을 것이다.

가끔 기자라는 직업이 억울할 때도 있다. 오늘은 뭘 했고 어제는 뭘 했는지 모두 공개되니 말이다. 기사 검색이 수월해진 뒤로 과거에는 이랬던 기자가 지금은 저렇게 변했다는 비판을 받는 일도 허다하다. 하지만 억울해 할 것 없다. 기자는 정치인이나 공직자가 아닌데도 권력의 곁에서 정책에 영향을 미칠 수 있고, 나름대로 은밀한 정보에도 접근할 수 있으니 비판의 대상이 되는 것은 당연한 이치다. 그래서 기자는 과거와 오늘이 다르지 않고 내로남불하지 않을 최소한의 줏대가 있어야 하는 것이다. 어쩔 수 없다. 누구를 탓하랴.

조국과   기자

21대 국회가 출범한 직후인 2020년 6월, 한 초선 의원과 식사를 같이 했다. 기자 출신인 그는 유독 '라떼는' 식 무용담으로 기자 시절 일들을 늘어놓는 사람이었다. 그날도 마찬가지였다. 누가 묻지도 않았는데 조국 사태 때 자신의 활약상을 늘어놓기 시작했다.

2019년 가을, 조국 전 법무부 장관의 부인 정경심 교수가 검찰 소환을 앞두고 병원에 입원했다 퇴원한 적이 있었다. 그때 자신의 후배 기자들이 정 교수가 입원한 병원을 찾아내는 특종을 했다면서, 검사 출신 A국회의원과 공조가 잘됐다고 매우 뿌듯해했다.

검사 출신 의원과 기자의 공조란 무엇일까. 얘기는 이랬다. 2019년 추석 무렵 A의원에게 전화가 걸려왔다. 서울 동작구의 어느 병원에 조 전 장관 부인이 입원 중인 것 같은데 왜 입원했는지 모르겠으니 알아보고 보고해달라는 취지였다. 그 초선 의원은 사회부장에게 이 사실을 전했고, 기자가 현장에 나가보니 A의원 보좌진이 수사관처럼 병원에서 뭔가를 캐고 다니더라는 것이다. 기자를 만난 보좌진은 조 전 장관의 부인이 당뇨로 병원 ○○○호에 입원 중이고 해당 병원장은 조 전 장관이 다녔던 부산 혜광고 출신이라는 얘기를 들려줬다. 이후 기자가 이를 특종으로 터뜨렸고, 관련 폭로가 이어졌다는 것이다.

실제로 취재를 해보면 병원 진료 내역은 민감한 개인 정보여서 취재가 쉽지 않다. 진료 내용은커녕 수많은 병원 가운데 어느 지역 병원인지 범위를 좁히는 것조차 어렵기 때문이다. 그런데 검사 출신 의원과 기자의 놀라운 공조 덕분일까. 정경심 교수의 입원 정보는 TV 방송으로 전 국민에게 노출됐다.

수사기관에서나 쓸 법한 공조라는 낯선 표현 때문에 이날의 장면은 기억에 오래 남았다. 그리고 고민이 깊어졌다. 검증 대상이라고 해도 장관 후보자의 가족을 떠나 개인의 민감한 의료 정보인데, 이게 취재 대상이 될 수 있을까. 의료법과 개인정보보호법 측면에서 문제는 없을까. 공조 이야기가 실화인지 혼자만의 주장인지 알 수 없지만, 당시 조국 일가가 검찰과 기자라는 두 집단의 먹잇감이었던 것은 분명했다.

나는 개인적으로 앰부시(Ambush) 취재도 좋아하지 않는다. 취재 대상의 동선을 미리 파악해 기다리고 있다가 덮치는 방식이다. 일명 뻗치기, 경찰의 잠복 수사와 비슷하다. 앰부시는 카메라부터 들이대고 시작하는데 취재 대상이 난처해하며 도망이라도 가면 일순간 추격전이 벌어져 영상의 재미를 더한다. 기자야 좋은 그림이 나와서 좋지만, 자칫 취재가 망신 주기로 변질될 가능성도 생긴다. 영상 속 인물의 인권은 깡그리 무시된다.

조국 사태 당시 그 일가의 주거지 앞에서 기자들은 한 달 넘게 카메라를 들이대고 있었다. 뻗치기하던 수십 명의 기자들 가운데 인권 침해로 법적 문제가 된 사례는 들어보지 못했다. 나중에 조 전 장관과 가족들이 특정 혐의에서 유죄 판결을 받았다고 해서 그런 취재가 정당화되는 건 아니다. 장관 후보자의 의혹을 취재한다는 명목으로 장관 후보자의 집 앞에서 기자들이 카메라를 들이대며 한 달 넘게 뻗친 적이 또 있었던가. 집단화된 언론 폭력의 단면은 아니었을까.

기자들은 조 전 장관에게 10시간 넘도록 조롱에 가까운 질문과 논리적이지 않은 질문도 반복했다. 집 앞에 죽치고 있다가 짜장면 배달원에게 무슨 음식이 들어갔는지 깔깔거리며 물어보고, 그 가족의 외식 장면을 파파라치처럼 촬영

하고, 딸의 오피스텔과 직장, 학교를 찾아가 카메라를 들이 댔다.

조국 사태 당시 기자들의 모습을 굳이 거론하는 이유는 그때처럼 기자들이 폭주하는 것을 본 적이 없었기 때문이다. 자신이 보도하는 내용이 팩트에 맞는지 틀리는지를 돌아보지 않는 듯했다. 다들 달라붙는 싸움에 나도 참전용사였다는 훈장이라도 얻으려는 듯 일단 지르는 식이었다. 기자들은 앰부시의 도구가 됐고, 검찰발 기사를 수시로 찍어냈다. 누구도, 그 무엇도 존중받지 못했다.

벌써 4년이 넘게 흘렀다. 누구는 대통령이 됐고 누구는 재판의 굴레에 갇혀 있다. 기자들은 그때 그 자리에 살아남아 여전히 그들만의 공조를 진행 중이다. 그 난리를 치르고도 변한 게 없다. 그래서 더 무섭다.

바람 잡는   기자들

2020년 7월 14일, 관훈클럽 토론회에 취재차 방문했다. 그 날 관훈클럽의 초청 인사는 김종인 국민의힘(당시 미래통합당) 비상대책위원장이었다. 관훈토론은 중견 기자들이 초청 인사에게 불편하고 날카로운 질문들을 던지는 것으로 정평이 나 있어 기대가 컸다. 그런데 그날 관훈클럽 대표로 나온 기자들의 질문은 토론이라기보다 청탁성 민원에 가까웠다.

토론자로 나선 김수언 한국경제신문 기획조정실장은 대뜸 이재용 삼성전자 부회장의 검찰 수사에 대해 이제 그만 놔주라는 목소리가 작지 않다고 말했다. 누가 봐도 삼성이 좋아할 만한 질문이었다.[1] 김종인 위원장이 법적으로 판단할 문제라 얘기할 수 없다고 즉답을 피하면서 김이 새긴 했지만, 만약 김 위원장이 질문자의 의도대로 립서비스라도 해줬다면 다음 날 한국경제신문에 어떤 기사가 실렸을지 아찔하다.

또 다른 토론자인 허민 문화일보 전임 기자는 채널A 사건 관련한 추미애 법무부 장관의 수사지휘권 발동에 대해 위법부당하다고 반발한 전국 검사장 회의를 거론했다. 그러면서 추 장관 해임건의안의 처리 가능 방안까지 질문했다. 그런데 김 위원장은 이번에도 추 장관 해임은 실현 가능성이 없다고 질문을 일축해버렸다. 김 위원장의 단호한 대답에 질문자는 멋쩍은 표정을 지을 수밖에 없었다.

평론이나 칼럼을 쓰는 기자는 기사의 방향을 미리 정해놓는 경우가 많다. 그 결론에 닿기 위해 내가 원하는 대로 인터뷰 대상자가 말해주기를 바란다. 인터뷰 대상자와 기자가 같은 생각을 하고 있다면 마치 약속 대련하듯 자연스러운 인터뷰가 가능하다. 그러나 상대의 생각을 온전히 알지 못하는 경우에는 유도신문을 하거나 내가 원하는 답을 담아 질문을 하기도 한다. 이대로 말해주면 좋겠다는 눈빛과 함께 말이다. 원하는 답을 들으면 그걸 부각해 기사를 쓴다. 좋게 해석하면 기자가 의제를 던지는 것이고, 다르게 말하

---

1 삼성은 2022년 11월 기준 삼성SDI와 삼성물산, 삼성전자를 통해 《한국경제신문》 지분을 각각 8.7%와 6.4%, 0.4% 보유하고 있다. 셋을 합하면 15%가 넘어 20.6%를 보유한 현대자동차에 이은 《한국경제신문》의 사실상 2대 주주다. 출처: 전국언론노조 2022년 11월 29일 보도자료, 〈91.5%…기업이 가진 한국경제신문 지분〉.

면 기자가 바람잡이를 하는 것이다.

기자들은 자기 기사에 가능하면 권위자의 인터뷰를 많이 넣으려 한다. 설득력을 높이려는 의도지만 아전인수식의 인용도 많다. 예를 들면 586 정치인을 비판하는 기사에는 과거 진보 진영에 있다가 보수로 전향한 학자들의 인터뷰가 삽입된다. 그들은 이미 보수 진영에서 활동하고 있지만, 기자들은 그들의 이름 앞에 여전히 진보 학자 혹은 진보 논객이라는 별칭을 붙여준다. 자기 기사에 진보 진영도 동의하는 것처럼 일종의 첨가물을 치는 것이다. 그러니 이미 보수 논객으로 활동한 지 오래된 인사들도 보수 언론에서는 진보라는 타이틀을 유지하고 있다.

반대의 경우도 마찬가지다. 보수 정당에 몸담은 정치인이 진보 진영에서 좋아할 만한 발언을 하면 진보 성향의 언론은 보수 정치인들도 이렇게 말했다는 식의 문장을 기사에 첨언한다. 국민의힘과 더불어민주당을 넘나든 정치인은 기자의 필요에 따라 민주당 출신이 됐다가 국민의힘 출신이 됐다가 한다. 기자들의 아전인수다.

기사들이 자신이 과거에 썼던 기사나, 일전에 했던 말과 모순되는 기사를 쓰는 경우도 허다하다. 과거 일본의 후쿠시마 오염수 방류에 대해 문제점을 지적했던 기자들이 정권이 교체되자 후쿠시마 오염수 방류에 찬성하는 듯한 기사를 쓴다. 수능에 킬러 문항이 필요하다고 했던 논조는 정권이 바뀌자 킬러 문항을 없애야 한다는 논조로 바뀌고 말았다. 기자들이 바람보다 먼저 누운 결과다.

정부에 부담되는 사안이 발생하면 이를 정쟁으로 몰고 가는 기자도 많다. 어떤 사안이든 찬반은 있기 마련인데, 문제 제기나 반대 의견이 나온 것을 두고 마치 망국적 진영 싸움인 것처럼 호도한다. 싸우는 모습만 부각해 사안의 본질을 흐리고 국민의 관심을 정쟁으로 유도하는 것이다. 2022년 7월 11일, 중앙일보는 서울-양평고속도로 특혜 논란의 해설 기사를 1면과 4면, 5면에 비교적 길게 보도했다.[2] 기사는 무책임한 결정, 극단주의 주장, 괴담 정치 등으로 목소리를 키워 이득을 얻는 건 소수의 정치인과 소수의 강성 지지층밖에 없어 보인다는 문장으로 끝난다. 사안의 본질은 고속도로 원안 노선을 누가, 왜 변경했느냐는 것인데 기사만 보면 윤석열 대통령 탄핵을 거론한 야당도 잘못이고, 정치 고관여층인 강성 지지자들도 잘못이다. 기사에는 사드 환경영향평가 결과를 비판했던 야당, 후쿠시마 오염수 방류에 항의하러 일본에 갔던 야당 정치인 등 서울-양평고속도로와 관계없는 이들도 비판의 대상으로 등장한다. 싸잡아 비난하니 정작 고속도로 특혜 논란을 초래하고 섣부른 백지화 발표로 일을 키운 장본인에 대해서는 유독 기자의 펜이 무디게

2　《중앙일보》 2022년 7월 11일, 〈'양평'은 없고 '양편'만 있다…또 극단으로 치닫는 정치〉, 윤성민·전익진·최모란.

만 느껴진다.

조선일보도 다르지 않았다. 해외 순방 도중 김건희 여사의 명품 쇼핑 논란이 불거졌을 당시 조선일보는 사설을 통해 부주의한 김 여사나, 이상한 해명을 하는 대통령실이나, 김 여사 비난이라면 무슨 괴담도 서슴지 않는 민주당이나 모두 혀를 차게 한다고 했다.[3] 김 여사 쇼핑 논란과 민주당을 같은 프레임에 넣은 것이다.

윤석열 정부가 건설노조를 건폭이라고 부르며 탄압한 데 항의해 건설노조 소속의 양회동 씨가 분신했을 때는 뜬금없이 유서 대필 보도가 등장했다.[4] 한국노총 금속노련 김준영 사무처장이 7미터 높이 망루에서 경찰봉에 맞고 연행됐을 때 조선일보는 쇠파이프를 휘두르는 김 사무처장을 '플라스틱' 경찰봉을 가진 경찰이 제압했다는 기사를 냈다.[5] 경찰봉이 강화 플라스틱이라는 점에서 경찰봉 이미지를 플라스틱으로 순화시키려는 의도가 엿보였다. 하지만 강화 플라스틱이 일반 플라스틱보다 얼마나 강한지에 대한 설명은 없었다.

3 《조선일보》2022년 7월 18일, 〈사설: 김 여사 명품 매장 방문, 대통령실 해명 모두 부적절〉.
4 《월간조선》2023년 5월 18일, 〈단독: '분신 사망' 민노총 건설노조 간부 양회동 유서 위조 및 대필 의혹〉, 김광주.
5 《조선일보》2023년 6월 1일, 〈정글도·쇠파이프 휘두른 광양 '망루 농성' 진압〉, 주형식·곽래건·정해민.

예나 지금이나 변한 것이 없다. 용산참사 때 국민의 관심을 전철연과 광우병 촛불집회 단체들의 개입으로 옮기려 시도했던 기자들은, 세월호 참사 때는 유병언과 구원파에 쏠리도록 바람을 잡았다. 당시 집권 세력의 이해관계와 맞아떨어지는 일이었다. 그 효과를 학습한 기자들이 부장이 되고 국장으로 승진해 그 방식을 재탕하고 있다. 큰일이 터질 때마다 변죽을 울리는 바람잡이 기자들이 등장한다. 그들이 만든 진흙탕을 언제쯤 걷어낼 수 있을까.

찰나에   현혹되지 말라

2023년 3월, 윤석열 대통령의 일본 방문 당시 국기에 대한 경례 장면을 놓고 KBS의 한 앵커의 발언이 논란이 됐다. 이 앵커는 방송에서 일장기를 향해 윤 대통령이 경례할 때 의장대가 우리 국기를 들고 있을 것 같지 않다고 말했는데, 실제로는 일장기에 가려 태극기가 보이지 않았다. 결국 KBS는 이 발언을 두 차례나 공개 사과했다.

보이는 것만으로 내린 결론은 전부가 아닐 수 있다. 찰나만으로 전후 상황과 맥락을 모두 파악할 수는 없다. 특히 정치부 기자라면 더더욱 찰나만으로 판단을 내려서는 안 된다. 일부 정치인과 지지자들이 자신들에게 유리한 여론을 만들기 위해 이를 악용하는 사례가 많기 때문이다.

윤석열 대통령이 다자간 정상회의에 참석해 다른 나라

정상들과 어울리지 못하고 혼자 멀찍이 떨어져 있는 것처럼 보이는 사진이 공개되면 SNS에는 윤 대통령을 물어뜯는 글이 도배된다. 윤 대통령을 비난하는 사람들은 문재인 전 대통령이 다른 나라 정상들과 웃으며 대화하는 사진을 올리며 국격이 하락했다고 윤 대통령을 조롱한다.

반대로 윤 대통령이 다른 나라 정상들에게 환대받는 사진이 보도되면 윤 대통령 지지자들은 문 전 대통령이 다른 나라 정상들 틈에서 멀뚱히 서 있는 사진을 올리며 이제야 국격이 회복됐다고 헐뜯기 바쁘다. 양측 지지자들이 사진한 장으로 자기가 지지하는 대통령이 해외에서 더 많은 환대를 받았다고 싸운다. 논리는 없다. 서로 혐오를 확산시키기 바쁠 뿐이다.

일부 기자들도 마찬가지다. 한 장의 사진만으로 전체 맥락을 넘겨짚고 비난한다. 대통령이 행사장에서 눈을 감고 있는 사진이 공개되면 마치 행사 내내 대통령이 잠을 잔 것처럼 침소봉대한다. 왜 눈을 감았는지, 어떤 상황이었는지 알아보려 하지 않는다. 왜곡과 오류가 생길 수밖에 없다.

대통령이 단상에서 바지 주머니에 손을 넣고 있는 사진을 보도하며 연설 내내 주머니에 손을 넣는 예의 없는 행동을 한 것처럼 착각을 유도한다. 다른 나라 정상과 악수하며 고개를 숙인 현직 대통령의 사진, 반대로 고개를 숙이지 않은 전직 대통령의 사진을 나란히 놓고 당당한 외교란 이런 것이라며 비난하는 게시물이 SNS를 뒤덮기도 한다. 왜 고개를 숙였고, 어떤 상황에서 고개를 숙이지 않았는지는 관심 밖이다.

영부인이 다른 나라 정상 앞에서 다리를 꼬고 앉은 사진 한 장으로 접견 내내 영부인이 다리를 꼬고 있었을 것이라 믿는 것은 오류다. 여성 경찰이 사건 현장에 가만히 서 있는 사진 하나가 여경 혐오로 이어져서도 안 될 일이다. 사진 한 장은 판단 기준이 될 수 없다.

2020년 7월 25일, 동아일보 출신인 조수진 국민의힘 의원이 자신의 SNS에 짧은 글과 사진 한 장을 올렸다. 대정부질문이 진행되던 본회의장 모습을 찍은 사진이었다. 조 의원은 사진 밑에 "여러분 보시기에 어느 쪽이 진짜 일하는 국회입니까"라고 적었다. 21대 국회 출범과 함께 일하는 국회 법안을 발의한 민주당 의원들이 정작 사진 속에는 국민의힘 의원들보다 적게 앉아 있으니 국민의힘이 진짜 일하는 국회라는 취지였다.

하지만 대정부질문이 진행된 3일 내내 본회의장 방청석에서 의원들을 지켜봤던 나는 조 의원의 주장을 수긍할 수 없었다. 조 의원이 사진을 찍은 시간은 2020년 7월 24일 오후 5시경이었다. 이때는 곽상도 국민의힘 의원이 질의를 시작할 무렵이었다. 그래서 국민의힘 의원들이 본회의장에 들어와 빈자리를 메웠고, 민주당 의원 10여 명은 퇴장했다. 조수진 의원도 이때 본회의장에 들어왔다. 그때 찍은 사진을 SNS에 올린 것이다.

바로 직전에 박찬대 민주당 의원이 질의를 시작했을 때 본회의장에는 민주당 의원이 30여 명 있었고 국민의힘은 10여 명 있었다. 그러면 이때는 민주당이 진짜 일하는 국회가 되는 것일까. 더 앞서 강은미 정의당 의원이 질의를 시작했을 때도 본회의장에는 민주당이 30여 명, 국민의힘이 10여 명 남아 있었다. 그때마다 찍은 사진을 한 장씩 올리며 어느 쪽이 진짜 일하는 국회냐고 묻는다면 답은 매번 달라졌을 것이다. 우문(愚問)도 이런 우문이 없다.

사진 한 장은 긴 문장보다 효과적일 때가 있다. 하지만 왜곡과 착시를 불러오기도 한다. 정치인은 그것을 이용해 침소봉대하는 브리핑을 하고, 기자는 의심 없이 받아쓴다. 독자와 시청자는 그것을 사실로 여긴다. 악순환이다. 지금이라도 멈춰야 한다. 혐오와 가짜뉴스는 바로 이런 찰나의 오류에서 시작되기 때문이다.

에필로그

그 사람으로부터 전화가 걸려온 것은 2022년 6월 19일 일
요일 늦은 오후였다. 모르는 번호라서 한 차례 무시했지만,
재차 걸려온 전화까지 모른 척하기는 쉽지 않았다.

"접니다. 이거 친구 휴대전화예요."
"안 그래도 계속 전화 기다렸는데…."
"요새 분위기가 많이 안 좋아요. 제 전화로는 못 걸 것 같아
요."

겁에 질린 목소리의 주인공은 이로부터 한 달 뒤 대한민국
을 떠들썩하게 만든 〈1호기 속 수상한 민간인〉 기사의 핵심
취재원이었다. 그는 신분이 들통날까 무서워 연락을 망설이
다 주말을 이용해 지인의 휴대전화를 떠올렸다고 했다.

"잘하셨어요. 조심해서 나쁠 것은 없으니까…. 지금은 주변에 아무도 없나요?"

"네 지금은 괜찮아요. 1호기는 올 때 탄대요. 갈 때는 대한항공 타고 먼저 가고요."

"먼저 가다니요?"

"선발대로 가기로 됐나 봐요. 22일에 선발대로 먼저 간다더라고요."

"그래요? 기사에 쓸 얘기는 많아졌네요. 귀국하면 바로 기사 낼 거예요. 귀국하고 주말 지나면 7월 4일이거든요. 마음의 준비를 하고 계세요."

최고 권력에 대한 취재는 첩보전을 방불케 했다. 핵심 취재원들과 편하게 연락할 수 없었고 매번 바뀌는 번호로 걸려온 전화를 받아 1분 남짓 대화하는 것이 전부였다. 취재 속도는 느렸지만 그렇다고 힘들게 용기를 낸 취재원들을 채근할 수는 없었다. 불규칙하게 접선하듯 진행되는 취재가 답답할 때도 많았다. 연락이 닿으면 나는 밀린 질문들을 속사포처럼 퍼부어야 했다. 그러다 보면 남은 질문을 다 하기도 전에 다음을 기약하지도 못하고 통화가 뚝 끊기기 일쑤였다. 아무도 다치지 않으려면 어쩔 수 없었다.

　나는 취재가 진행되는 두 달 동안 회사에 취재 사실을 보고하지 않았다. 회사 동료들을 믿지 못한 것은 아니지만 취재원 보호가 나에게는 더 중요했기 때문이다. 기사를 쓰지 못하는 한이 있더라도 취재원을 다치게 할 수는 없었다.

2022년 6월 27일, 윤 대통령 부부는 예정대로 첫 해외 순방을 떠났다. 행선지는 스페인 마드리드. 나는 이날 또 다른 취재 조력자로부터 사진 한 장을 전달받았다. 귀국편 1호기 좌석표였다.

"시간 없으니까 빨리 말씀드릴게요. 1층 44A 좌석에 신○○ 이름 보이죠?"

"네 찾았습니다. 이게 귀국편 좌석표인가요?"

"네."

"자리가 바뀔 가능성은 없나요?"

"아마도요. 기사 언제 나가나요?"

"7월 4일에 터뜨리려고 합니다."

"알겠습니다."

30초도 채 안 되는 이 짧막한 대화를 나누고 일주일 뒤 〈1호기 속 수상한 민간인〉 보도가 세상의 빛을 봤다. 예정보다 하루 늦춰진 2022년 7월 5일이었지만, 그날을 기점으로 윤 대통령의 상징과도 같았던 공정과 상식이라는 말을 사람들은 더는 입에 올리지 않았다. 권력의 민낯이 드러나면서 공정과 상식은 사실상 폐어(廢語)가 되고 말았다. 제54회 한국

기자상 대상을 받은 〈1호기 속 수상한 민간인〉 취재의 결정적 장면들은 지금도 나의 머릿속에 한 편의 영화처럼 남아 있다. 다들 얼마나 무서워했고 얼마나 떨었는지 모른다. 그러면서도 어디서 용기가 난 것인지 그들은 나와의 접선을 중단하지 않았다. 취재의 핵심 고비를 넘겼던 저 두 장면을 나는 절대 잊을 수 없다.

이 책의 에필로그를 어떻게 쓸지 오랫동안 고민했다. 쓰고 지우기를 반복했다. 그러다 고심 끝에 〈1호기 속 수상한 민간인〉 취재의 핵심 장면들로 채우기로 했다. 받아쓰는 기자들을 비판한 데 대한 보완의 취지이기도 했고, 취재 과정을 공개할 수 있어야 진정한 특종이라는 나의 소신을 보이고 싶기도 했다.

기자는 이름을 걸고 하는 직업이다. 언론이라는 큰 틀에 가려 개인이 드러나지 않을 때도 있지만, 기사는 언론이 쓰는 것이 아니라 특정한 기자 개인이 쓰는 것이다. 기자의 이름을 숨긴 신문 사설도 결국에는 기자 개인이 써낸 결과물이다. 그래서 공권력이 아닌 기자 개인이 어떻게 진실을 밝힐 수 있었는지 취재 과정을 공개하는 것은 매우 중요하다. 그래야 기자가 정당하고 당당할 수 있기 때문이다.

기자가 되고 보니 취재는 '하는 것'이라기보다 '만들어가는 것'이라는 생각이 든다. 취재는 어느 기자나 할 수 있지만, 좋은 기사를 만드는 것은 누구나 할 수 있는 게 아니다.

시간이 걸려도 취재원과 동료와 함께 만들어 가다 보면 작은 기사가 대형 특종이 되기도 한다. 혼자 할 수 있는 일은 아니다. 그래서 취재원 누구도 다치게 해서는 안 되고, 남에게 해를 끼쳐서도 안 된다. 특종에 눈이 멀어 힘없는 누군가를 강제로 세상 밖으로 끄집어내도 안 된다. 이름을 걸었으니 기자는 자신의 취재에, 기사에, 말과 행동에 부당함도 없어야 한다.

이 책에서 '바이든 날리면' 사태를 포함해 내가 겪었던 일들을 자신 있게 얘기할 수 있는 것은 나의 떳떳함 덕분이다. 기로에 설 때마다 못 들은 척, 못 본 척, 모른 척하지 않았던 결정은 기자로서 나의 자산이 됐다. 감사하고 다행스러운 일이다.

얼마 전 한 강연에 초청받아 갔다가 "기자가 다 그렇지는 않을 텐데 지금처럼 피곤하게 살면 결국 고독하지 않겠냐"라는 기습 질문을 받았다. 예상치 못한 질문에 잠시 말을 할 수 없었다. 돌이켜보면 최고 권력에 대한 취재부터 '바이든 날리면' 사태, 도어스테핑 충돌 같은 연쇄 폭탄이 터질 때마다 나는 고독했다. 후폭풍을 이겨내는 것도 나 혼자 해야 할 몫이었다. 다른 선택지는 없었다.

책을 쓰는 동안에도 마음이 가볍지 않았다. 스스로 답을 찾지 못한 적이 많았다. 하지만 복종을 강요당하는 시대에 어려움을 당한 것이 나만은 아닐 테고, 합리적 의심마저 자기 검열로 내몰린 시대에 고독해진 것 또한 나만은 아닐 것이다. 평범한 일상을 살다 갑자기 힘든 처지에 놓인 많은 이들이 온기를 나누고 위로하다 보면 힘든 시기도 이겨낼 수 있을 것이다. 폭압적으로 변해버린 세상에서 자유를 잃고 슬픔에 빠진 이들에게 이 책이 조금이라도 응원과 힘이 된다면 기쁠 것 같다.

나는 어느 날 길을 걷다 곤봉과 방패를 목격한 우연한 계기로 기자가 됐다. 그동안 실망과 좌절도 많았지만 그래도 여전히 기자의 힘을 의심하지 않는다. 언론 탄압과 줄 세우기가 극심해지는 상황에서도 묵묵히 권력 감시의 현장을 지키는 기자들, 그리고 힘든 여건에도 발주 기사가 아닌 발굴 기사로 거대 기득권과 싸우는 용기 있는 기자들이 있다. 그들에게 박수를 보낸다. 그 싸움 끝에 무엇보다 큰 기득권인 기자 권력의 벽도 함께 해체되는 날이 오기를 바란다.

기자유감

초판 1쇄	2023년 12월 7일 발행
초판 3쇄	2023년 12월 18일 발행

지은이	이기주

기획편집	배소라, 최세정
디자인	조주희
마케팅	최재희, 신재철, 김예리
인쇄	한영문화사

펴낸이	김현종
펴낸곳	(주)메디치미디어
경영지원	이민주, 김도원
등록일	2008년 8월 20일 제300-2008-76호
주소	서울특별시 중구 중림로7길 4, 3층
전화	02-735-3308
팩스	02-735-3309
이메일	medici@medicimedia.co.kr
페이스북	facebook.com/medicimedia
인스타그램	@medicimedia
홈페이지	www.medicimedia.co.kr

© 이기주, 2023

ISBN 979-11-5706-949-1(03300)